TRANSFUSÃO FLUÍDICA

FLUIDOTERAPIA FISIOPSÍQUICA

Compilação de texto feito por
SIDNEY LOURENÇO DE SOUZA

SANTA CATARINA, 2020
2ª EDIÇÃO

Transfusão Fluídica – Fluidoterapia Fisiopsíquica é um estudo, reflexão e compilação do conteúdo do Espiritismo da prática de mais de 25 anos, para nortear a prática da Fluidoterapia – **O PASSE** que se desenvolve nas Instituições Espíritas e em outros lugares.

Teve como base de elaboração as diversas obras referenciadas.

DEDICATÓRIA

A Allan Kardec, o ínclito Codificador do Espiritismo que nos descortinou a visão do mundo espiritual preexistente e sobrevivente a tudo, e sua relação com o mundo material passageiro e finito.

A minha mãe Naira da Silva Souza que foi minha incentivadora neste caminho que os bons espíritos a intuíram - o Espiritismo. Amor eterno.

SUMÁRIO

PREFÁCIO

PREFÁCIO

... o médium é um intermediário entre os Espíritos e o homem; ora, o magnetizador, haurindo em si mesmo a força de que se utiliza, não parece que seja intermediário de nenhuma potência estranha. "É um erro; a força magnética reside, sem dúvida, no homem, mas é aumentada pela ação dos Espíritos que ele chama em seu auxílio. Se magnetizas com o propósito de curar, por exemplo, e invocas um bom Espírito que se interessa por ti e pelo teu doente, ele aumenta a tua força e a tua vontade, dirige o teu fluido e lhe dá as qualidades necessárias."

Allan Kardec, Livro dos Médiuns, Cap. XIV, item 176

A intervenção dos Espíritos na realização das tarefas do bem é mais do que notória e, é amplamente confirmada na literatura espírita. Numa tentativa de reunir algum apontamento concernente a este assunto, pode ter deixado de lado considerações importantes. Mais não é nosso intuito esgotar o assunto, tentamos tão somente colaborar com mais um despretensioso livro de estudo e análise da laboriosa e necessária prática espírita.

O livro dos médiuns, em seu capítulo XIV, intitulado Médiuns Curadores, o nosso codificador questionou os espíritos a respeito desta prática e suas peculiaridades quando realizada com a intenção da prática do bem. Vamos transcrevê-la na íntegra, pois servirá como introdução ao nosso estudo, então vejamos:

"175. (...) diremos apenas que este gênero de mediunidade consiste, principalmente, no dom que possuem certas pessoas de curar pelo simples toque, pelo olhar, mesmo por um gesto, sem o concurso de qualquer medicação. Dir-se-á, sem dúvida, que isso mais não é do que magnetismo. Evidentemente, o fluido magnético desempenha aí

importante papel; porém, quem examina cuidadosamente o fenômeno sem dificuldade reconhece que há mais alguma coisa. A magnetização ordinária é um verdadeiro tratamento seguido, regular e metódico; no caso que apreciamos, as coisas se passam de modo inteiramente diverso. Todos os magnetizadores são mais ou menos aptos a curar, desde que saibam conduzir-se convenientemente, ao passo que nos médiuns curadores a faculdade é espontânea e alguns até a possuem sem jamais terem ouvido falar de magnetismo. A intervenção de uma potência oculta, que é o que constitui a mediunidade, se faz manifesta, em certas circunstâncias, sobretudo se considerarmos que a maioria das pessoas que podem, com razão, ser qualificadas de médiuns curadores recorre à prece, que é uma verdadeira evocação"

"176. Eis aqui as respostas que nos deram os Espíritos às perguntas que lhes dirigimos sobre este assunto:

1ª. Podem considerar-se as pessoas dotadas de força magnética como formando uma variedade de médiuns?

"Não há que duvidar."

2ª., entretanto o médium é um intermediário entre os Espíritos e o homem; ora, o magnetizador, haurindo em si mesmo a força de que se utiliza, não parece que seja intermediário de nenhuma potência estranha.

"É um erro; a força magnética reside, sem dúvida, no homem, mas é aumentada pela ação dos Espíritos que ele chama em seu auxílio. Se magnetizas com o propósito de curar, por exemplo, e invocas um bom Espírito que se interessa por ti e pelo teu doente, ele aumenta a tua força e a tua vontade, dirige o teu fluido e lhe dá as qualidades necessárias."

3ª Há, entretanto, bons magnetizadores que não creem nos Espíritos?

"Pensas então que os Espíritos só atuam nos que creem neles? Os que magnetizam para o bem são auxiliados por bons Espíritos. Todo homem que nutre o desejo do bem os chama, sem dar por isso, do mesmo modo que, pelo desejo do mal e pelas más intenções, chama os maus."

4ª Agiria com maior eficácia aquele que, tendo a força magnética, acreditasse na intervenção dos Espíritos?

"Faria coisas que considераríeis milagre."

5ª Há pessoas que verdadeiramente possuem o dom de curar pelo simples contato, sem o emprego dos passes magnéticos?

"Certamente; não tens disso múltiplos exemplos?"

6ª Nesse caso, há também ação magnética, ou apenas influência dos Espíritos?

"Uma e outra coisa. Essas pessoas são verdadeiros médiuns, pois que atuam sob a influência dos Espíritos; isso, porém, não quer dizer que sejam quais médiuns curadores, conforme o entendes."

7ª Pode transmitir-se esse poder?

"O poder, não; mas o conhecimento de que necessita, para exercê-lo, quem o possua. Não falta quem não suspeite sequer de que tem esse poder, se não acreditar que lhe foi transmitido."

8ª Podem obter-se curas unicamente por meio da prece?

"Sim, desde que Deus o permita; pode dar-se, no entanto, que o bem do doente esteja em sofrer por mais tempo e então julgais que a vossa prece não foi ouvida."

9ª Haverá para isso algumas fórmulas de prece mais eficazes do que outras?

"Somente a superstição pode emprestar virtudes quaisquer a certas palavras e somente Espíritos ignorantes, ou mentirosos podem alimentar semelhantes ideias, prescrevendo fórmulas. Pode, entretanto, acontecer que, em se tratando de pessoas pouco esclarecidas e incapazes de compreender as coisas puramente espirituais, o uso de determinada fórmula contribua para lhes infundir confiança. Neste caso, porém, não é na fórmula que está a eficácia, mas na fé, que aumenta por efeito da ideia ligada ao uso da fórmula."

Vimos por estas observações o quão é imperioso o estudo aprofundado da Transfusão Fluídica entre os indivíduos de boa-fé.

Por isso nos predispomos a apresentar tais anotações com o objetivo de auxiliar nossas reflexões e uma prática segura da fluidoterapia, ou seja, O PASSE nas Instituições espíritas.

O livro Transfusão Fluídica que ora apresentamos é um trabalho de conteúdo TEÓRICO e reflexões, pois em outro livro Transfusão Fluídica – PRÁTICA, apresentaremos os DOZE PASSOS para os procedimentos seguros na aplicação do PASSE.

Quanto a você, leitor amigo, tente ver aqui apenas uma pequena contribuição a tão valioso e profundo conhecimento, caso seja do seu interesse, pedimos escusas se cometemos alguns equívocos quanto a esta apresentação, nossa intenção foi a melhor possível.

Rogamos a Deus que abençoe e fortaleça todos nós que buscamos manter a coerência com os ensinamentos do Espiritismo nas bases da Codificação apresentado pelo mestre Allan Kardec.

MENSAGENS DOS ESPIRITOS

O JUGO LEVE

> *Vinde a mim, todos vós que estais aflitos sobrecarregados, que eu vos aliviarei. Tomai sobre vós o meu jugo e aprendei comigo que sou brando e humilde de coração e achareis repouso para vossas almas, pois é suave o meu jugo e leve o meu fardo.*
> *(S. MATEUS, 11:28 a 30.)*

Todos os sofrimentos: misérias, decepções, dores físicas, perda de seres amados, encontram consolação em a fé no futuro, em a confiança na justiça de Deus, que o Cristo veio ensinar aos homens. Sobre aquele que, ao contrário, nada espera após esta vida, ou que simplesmente dúvida, as aflições caem com todo o seu peso e nenhuma esperança lhe mitiga o amargor. Foi isso que levou Jesus a dizer:

"Vinde a mim todos vós que estais fatigados, que eu vos aliviarei."

Entretanto, faz depender de uma condição a sua assistência e a felicidade que promete aos aflitos. Essa condição está na lei por ele ensinada. Seu jugo é a observância dessa lei; mas, esse jugo é leve e a lei é suave, pois que apenas impõe, como dever, o amor e a caridade. (Allan Kardec, Evangelho Segundo o Espiritismo Cap. VI, item 1 e 2)

Qual o verdadeiro sentido da palavra caridade, como a entendia Jesus?

"Benevolência para com todos, indulgência para as imperfeições dos outros, perdão das ofensas." (Allan Kardec, Livro dos Espíritos, pergunta 886)

O CENTRO ESPÍRITA[1]

"As vibrações disseminadas pelos ambientes de um Centro Espírita, pelos cuidados dos seus tutelares invisíveis; os fluidos úteis, necessários aos variados quão delicados trabalhos que ali se devem processar, desde a cura de enfermos até a conversão de entidades desencarnadas sofredoras e até mesmo a oratória inspirada pelos instrutores espirituais, são elementos essenciais, mesmo indispensáveis a certa série de exposições movidas pelos obreiros da Imortalidade a serviço da Terceira Revelação.

Essas vibrações, esses fluidos especializados, muito sutis e sensíveis, hão de conservar-se imaculados, portando, intactas, as virtudes que lhe são naturais e indispensáveis ao desenrolar dos trabalhos, porque, assim não sendo, se mesclarão de impurezas prejudiciais aos mesmos trabalhos, por anularem as suas profundas possibilidades.

Daí porque a Espiritualidade esclarecida recomenda, aos adeptos da Grande Doutrina, o máximo respeito nas assembleias espíritas, onde jamais deverão penetrar a frivolidade e a inconsequência, a maledicência e a intriga, o mercantilismo e o mundanismo, o ruído e as atitudes menos graves, visto que estas são manifestações inferiores do caráter e da inconsequência humana, cujo magnetismo, para tais assembleias e, portanto, para a agremiação que tais coisas permite, atrairá bandos de entidades hostis e malfeitoras do invisível, que virão a influir nos trabalhos posteriores, a tal ponto que poderão adulterá-los ou impossibilitá-los, uma vez que tais ambientes se tornarão incompatíveis com a Espiritualidade iluminada e benfazeja.

---

[1] Bezerra de Menezes, in Drama da Obsessão, Yvone A. Pereira, Cap. 3 Terceira Parte

Um Centro Espírita onde as vibrações dos seus frequentadores, encarnados ou desencarnados, irradiem de mentes respeitosas, de corações fervorosos, de aspirações elevadas; onde a palavra emitida jamais se desloque para futilidades e depreciações; onde, em vez do gargalhar divertido, se pratique a prece; em vez do estrépito de aclamações e louvores indébitos se emitam forças telepáticas à procura de inspirações felizes; e ainda onde, em vez de cerimônias ou passatempos mundanos, cogite o adepto da comunhão mental com os seus mortos amados ou os seus guias espirituais, <u>um Centro assim, fiel observador dos dispositivos recomendados de início pelos organizadores da filosofia espírita, será detentor da confiança da Espiritualidade esclarecida</u>, a qual o elevará à dependência de organizações modelares do Espaço, realizando-se então, em seus recintos, sublimes empreendimento, que honrarão os seus dirigentes dos dois planos da Vida.

Somente esses, portanto, serão registados no Além-Túmulo como casas beneficentes, ou templos do Amor e da Fraternidade, abalizados para as melindrosas experiências espíritas, porque os demais, ou seja, aqueles que se desviam para normas ou práticas extravagantes ou inapropriadas, serão, no Espaço, considerados meros clubes onde se aglomeram aprendizes do Espiritismo em horas de lazer. "

IMPOSIÇÃO DE MÃOS

"Quando nos identificamos com o pensamento do Cristo nos impregnamos da mensagem de que Ele se fez Messias, sempre temos algo que dar em Seu nome, àqueles que se nos cercam em aflição.

Dentre os recursos valiosos, de que podemos dispor em benefício do nosso próximo, destaca-se a "imposição das mãos", socorro da saúde alquebrada ou das forças em deperecimento. A recuperação de pacientes, portadores de diversas enfermidades, estava incluída na pauta das tarefas libertadoras de Jesus.

De acordo com a génese do mal de que cada necessitado fazia portador, Ele aplicava o concurso terapêutico, restabelecendo o equilíbrio e favorecendo com a paz.

"Impondo as mãos" generosas, cegos e surdos, mudos e feridos renovavam-se, tornando ao estado de bem-estar anterior. Estimuladas pela força invisível que Ele transmitia, as células se refaziam, restaurando o organismo em carência.

Com o seu auxílio, os alienados mentais eram trazidos de volta à lucidez e os obsidiados recobravam a ordem psíquica em *face* dos espíritos atormentadores que os maltratavam, os deixarem.

Estáticos e catalépticos obedeciam-Lhe à voz, quando chamados de retorno.

Esse ministério, porém, que decorre do amor, Ele nos facultou realizar, para que demos prosseguimento ao Seu trabalho entre os homens sofredores do mundo.

Certamente, que não nos encontramos em condições de conseguir os feitos e êxitos que Ele produziu. Sem embargo, interessados na paz e renovação do próximo, é nos lícitos oferecer as possibilidades de que dispomos, na certeza de que os nossos tentames não serão em vãos.

Jesus conhecia o passado daqueles que O buscava, favorecendo-os de acordo com o merecimento de cada um. Outrossim, doando misericórdia de acréscimo, mediante a qual os beneficiados poderiam conquistar valores para o futuro, repartindo os bens da alegria, estrada a fora, em festa de corações renovados.

Colocando-se, o cristão novo, à disposição do bem, *pode* e deve "impor as mãos" nos companheiros desfalecidos na luta, nos que tombaram, nos que se encontram aturdidos por obsessões tenazes ou desalinhados mentalmente. . .

Ampliando o campo de *terapia espiritual, podemos aplicar sobre a água os fluidos curadores* que revitalizarão o campo vibratórios desajustados naqueles que a sorveram, confiantes *e* resolutos à ação salutar da própria transformação interior.

Tal concurso, propiciado pela caridade fraternal, não só beneficia os padecentes em provas e expiações redentoras, como ajuda aqueles que se aprestam ao labor, em razão destes filtrarem as energias benéficas que promanam da Espiritualidade através dos mentores desencarnados e que são canalizadas na direção daqueles necessitados.

Ê compreensível que se não devam aguardar resultado imediatos, nem efeitos retumbantes, considerando-se a distância de evolução que medeia entre o Senhor e nós, máxime na luta de ascensão e reparação dos erros conforme nos encontramos.

Ninguém se prenda, nesse ministério as fórmulas sacramentais ou a formas estereotipadas, que distraem a mente que se deve fixar no objetivo do bem e não na maneirade expressá-lo.

Toda técnica é valiosa, quando a essência superior é pneservada. Assim, distende o passe socorrista com atitude mental enobrecida, procurando amparar o irmão agoniado que te pedi socorro.

Não procures motivos para escusar-te.

Abre-te ao amor e o amor te atenderá, embora reconheça. As próprias limitações e dificuldades, em cujo campo te movimentas.

Dentre muitos que buscavam Jesus, para o toque curador, destacamos a força de confiança expressa no apelo a que se refere Marcos, no capítulo cinco, versículo vinte e três do Evangelho: "E rogava-Lhe muito, dizendo: — Minha filha está moribunda; rogo-Te que venhas e Lhe imponhas as mãos para que sare e viva."

Faze, portanto, a "imposição das mãos", com o amor e a fé que remove montanhas", em benefício do teu próximo, conforme gostarás que ele faça contigo, quando for a tua vez da necessidade.[2]

Joanna de Angelis – Divaldo P. Franco – Colômbia – 02. 04. 83

---

[2] Joana de Angelis

O PASSE

FLUIDOTERAPIA

O PASSE (FLUIDOTERAPIA)

> **"Quem se proponha a auxiliar aos enfermos, há que saber respirar no convívio da humildade sincera, equilibrando-se cada instante, na determinação de servir."**
>
> Emmanuel (in Mediunidade e Sintonia)

JESUS E O PASSE

Saia Jesus da cidade de Jerico, acompanhado de seus discípulos e de grande multidão, quando um cego, de nome Bartimeu, começou a clamar, em alta voz:

☐ Jesus, filho de David, tem compaixão de mim!

Algumas pessoas ordenaram-lhe que se calasse, mas o cego, empolgado pelo desejo de ser beneficiado pelo generoso Rabi, insistia:

☐ Jesus, filho de David, tem compaixão de mim!

Ouvindo-o, o mestre nazareno recomendou aos discípulos que o trouxessem à sua presença.

☐ Que queres que eu faça? - Perguntou-lhe.
Senhor, que eu veja.

Compadecendo-se. Jesus estendeu-lhe as mãos, tocando em seus olhos, dizendo:

☐ Vai em Paz. A tua fé te salvou.
No mesmo instante o cego voltou a enxergar e, jubiloso, integrou-se no grupo que acompanhava o Messias.

Obs.: Há de se ressaltar na passagem evangélica que o cego, jubiloso, passou a integrar o grupo. É a transformação do necessitado em tarefeiro do bem.

PASSE NO CENTRO ESPÍRITA

De todas as terapias que o Centro Espírita possa oferecer aos seus frequentadores, o passe é aquele que tem o aval da Espiritualidade, como atividade meio, para atender às necessidades físico espirituais da maioria de sua clientela.

O manual "Orientação ao Centro Espírita - Cap. V - Reunião de Assistência Espiritual -, recomenda:

- Aplicação de passe e fluidificação de água, objetivando atender às pessoas que procuram o Centro Espírita em busca de orientação e amparo.

"QUEM APLICA PASSES, TRANSFERE-SE, TRANSFERINDO AS DOAÇÕES DO CÉU ÀS AGONIAS DA TERRA, EM NOME DE JESUS. - *Marco Prisco*

O PASSE FORA DO CENTRO ESPÍRITA

O citado capítulo do manual "Orientação ao Centro Espírita, recomenda ainda que os dirigentes do Centro poderão indicar um grupo para atender as pessoas impossibilitadas de comparecerem as suas reuniões.

Obs.: Recomenda-se que o médium passista nunca vá sozinho a esse tipo de trabalho.

POR QUE APLICAR O PASSE?

"CURAS" do livro Pão Nosso (Emmanuel)

"E curai os enfermos que nela houver e dizei-lhes:

É chegado a vós o reino de Deus" - JESUS (Lucas, 10:9)

"Não nos interessa apenas a regeneração do veículo em que nos expressamos, mas, acima de tudo, o corretivo espiritual.

"Que o homem comum se liberta da enfermidade, mas é imprescindível que entenda o valor da saúde. Existe, porém, tanta dificuldade para compreendermos a lição oculta da moléstia do corpo, quanta se verifica em assimilarmos o apelo ao trabalho santificante que nos é endereçado pelo equilíbrio orgânico.

"... É sempre útil curar os enfermos, quando haja permissão de ordem superior para isto, contudo, em face de semelhante concessão do Altíssimo, é razoável que o interessado na bênção reconsidere as questões que lhe dizem respeito, compreendendo que raiou para seu espírito um novo dia no caminho redentor.

I – JUSTIFICATIVA

(...) o passe, com a simples imposição das mãos e a força do pensamento de quem o está ministrando, ainda é e será por muito tempo, a técnica recomendada com atividade meio, até que a dor se recolha do planeta, por se tornar desnecessária."   (Jornal "Rio de Janeiro Espírita" – Jan Jun. /91)

II – DEFINIÇÃO

"O passe é transfusão dirigida de fluidos; é transmissão de energias humanas somadas com as emanações divinas encontráveis nos reservatórios da natureza, agindo em favor do reequilibro continuamente rompido pela vivência egoísta e orgulhosa dos seres em evolução Roque Jacinto - Passe e Passista.

III - OBJETIVO

Jesus curou o cego de Jericó aplicando-lhe o passe magnético, terapia que desenvolveu largamente durante seu apostolado, no que foi imitado pelos discípulos que, em seu nome, aliviavam males do corpo e da alma.

O Espiritismo revive o mesmo tratamento, em toda sua simplicidade, sem magia, sem mistério, sem ritualismo.

O companheiro que se coloca diante do paciente, impondo-lhe a mão sobre a cabeça, é apenas alguém de boa vontade que concentra seus melhores sentimentos no propósito de favorecê-lo com uma transfusão de energias magnéticas, de dois tipos:

O **magnetismo humano**, do próprio passista.

O **magnetismo espiritual**, de benfeitores desencarnados que controlam todo o processo.

Aplicação do passe no Centro Espírita é mera especialização de um dom próprio do ser humano. Todos podemos doar magnetismo curador. Muitos o fazem, inconscientemente. Há múltiplos exemplos: a mãe que acalenta o filho inquieto ao seio; o médico à cabeceira do doente, preocupado com sua recuperação; o religioso que ora por alguém; a benzedeira que atende a criança.

PASSE E FLUIDOS

Processo de Curas [3]

31   - Como se há visto, o fluido universal é o elemento primitivo do corpo carnal e do perispírito, os quais são simples transformações dele. Pela identidade da sua natureza, esse fluido, condensado no perispírito, pode fornecer princípios reparadores ao corpo; o Espírito, encarnado ou desencarnado, é o agente propulsor que infiltra num corpo deteriorado uma parte da substância do seu envoltório fluídico. A cura se opera mediante a substituição de uma molécula malsã por uma sã. O poder curativo estará, pois, na razão direta da pureza da substância inoculada; mas, depende também da energia da vontade que, quanto maior for, tanto mais abundante emissão fluídica provocará e tanto maior força de penetração dará ao fluido. Depende ainda das intenções daquele que deseje realizar a cura, *seja homem ou Espírito*. Os fluidos que emanam de uma fonte impura são quais substâncias medicamentosas alteradas.

32 - São extremamente variados os efeitos da ação fluídica sobre os doentes, de acordo com as circunstâncias. Algumas vezes é lenta e reclama tratamento prolongado, como no magnetismo ordinário; doutras vezes é rápida, como uma corrente elétrica. Há pessoas dotadas de tal poder, que operam curas instantâneas em alguns doentes, por meio apenas da imposição das mãos, ou, até, exclusivamente por ato da vontade. Entre os dois polos extremos dessa faculdade, há infinitos matizes. Todas as curas desse gênero são variedades do magnetismo e só diferem pela intensidade e pela rapidez da ação. O princípio é sempre o mesmo: o fluido, a desempenhar o papel de agente terapêutico e cujo efeito se acha subordinado à sua qualidade e a circunstâncias especiais.

---

[3] KARDEC, Allan – A Geneses – Cap. XIV , item 31 a 33.

"A ação magnética pode produzir-se de muitas maneiras:"

1º pelo próprio fluido do magnetizador: é o magnetismo propriamente dito, ou magnetismo humano, cuja ação se acha adstrita à força e, sobretudo, à qualidade do fluido

2º pelo fluido dos Espíritos, atuando diretamente e sem intermediário sobre um encarnado, seja para o curar ou acalmar um sofrimento, seja para provocar o sono sonambúlico espontâneo, seja para exercer sobre o indivíduo uma influência física ou moral qualquer. É o magnetismo espiritual, cuja qualidade está na razão direta das qualidades do Espírito;

3º pelos fluidos que os Espíritos derramam sobre o magnetizador, que serve de veículo para esse derramamento. É o magnetismo misto, semi-espiritual, ou, se o preferirem, humano-espiritual. Combinado com o fluido humano, o fluido espiritual lhe imprime qualidades de que ele carece. Em tais circunstâncias, o concurso dos Espíritos é amiúde espontâneo, porém, as mais das vezes, provocado por um apelo do magnetizador.

CONDIÇÕES BÁSICAS

A eficiência do passe está associada a dois fatores:

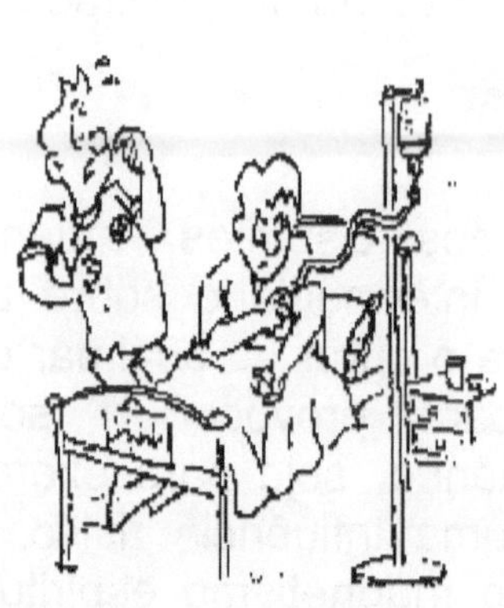

O primeiro é a **capacidade do passista**; Como Jesus foi o modelo perfeito, fácil concluir que o melhor será aquele que mais se aproxime de sua orientação, desenvolvendo valores de serenidade, equilíbrio, dedicação e, sobretudo, amor pelo semelhante.

Embora os companheiros vinculados a tarefa estejam longe desse padrão, a Espiritualidade suprirá suas limitaçoes, desde que não se acomodem as próprias fraquezas, cultivando empenho de renovação e desejo de servir.

O segundo fator, tão importante quanto a capacidade do passista, é a **receptividade do paciente**. Imaginemos uma transfusão sanguínea. O doador faz sua parte, mas, no momento de injetar o sangue nas veias do doente, este retira a agulha nele introduzida, inviabilizando a transferência, O mesmo podemos dizer da transfusão de energia magnética, que para completar-se exige empenho do beneficiário no sentido de sintonizar com aquele que o beneficia.

PASSE E ALIMENTAÇÃO

"Não é que o que entra pela boca que torna o homem impuro, mas o que sai da boca, isto, sim contamina o homem".

(Jesus Mat. Cap. 15, v. 11)

O médium que aplica passes deve abster-se de:

- Cigarro e Bebidas Alcoólicas (até mesmo a cerveja). O malefício do álcool e do fumo também impregna o perispírito, tornando - menos puro o fluido a ser doado.

- Bijuterias nos braços e mãos, que sacudidas, provoquem ruído ou relógio que possa soltar-se do braço.

- Carne e excesso de comida antes da reunião por serem de digestão demorada.

Deverá sempre procurar o ponto de equilíbrio para maior proveito do trabalho mediúnico, isto é, não comendo em demasia nem indo em jejum.

Deverá evitar a ingestão de qualquer alimento que provoque um forte odor, como a cebola.

COMO APLICAR O PASSE

A seta indica o movimento que o braço do médium deve percorrer, com o fim de energizar os centros de forças

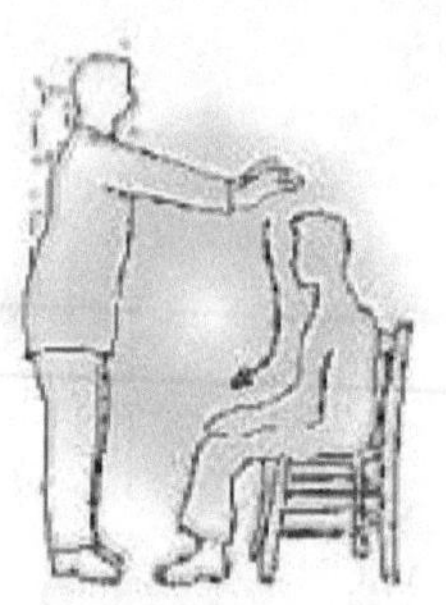

Um toque, ou a aplicação do passe longitudinal, a magnetização da água, mas sem ritualística, sem movimentação, a fim de que a qualidade do ato não seja prejudicada pela quantidade dos gestos.

Certa feita um amigo me pediu que lhe aplicasse um passe. Eu não sou o que se chamaria tecnicamente de médium passista. Eu respondi-lhe não ser, mas poderíamos tentar. Orei com o meu melhor sentimento e desejo de ajudá-lo, porque ele estava precisando. Pedi que ele se sentasse numa posição de relax, cômoda; que se concentrasse; que ficasse receptivo e apliquei o passe, conforme eu vejo outros médiuns aplicarem de acordo com o que aprendi com os Espíritos. <u>Usei o passe longitudinal com um sentimento de amor e fé, abrasando-me</u>.

Quando eu terminei, toquei-o de leve no ombro, porque ele estava de olhos fechados. Ele perguntou-me: "Já acabou?" Respondi: "Já!" E ele: "Divaldo não gostei muito". Retruquei, constrangido: "É, eu não estava preparado, mas amanhã, quem sabe..." E ficando curioso, resolvi indagar: "Mas, o que foi que você não gostou muito? "Bem, eu achei o seu passe muito fraco". Volvi a inquirir: "Como, meu filho?" E ele: "Eu gosto de um passe forte, daquele que produz ruído, e... puxa todos os 10 dedos e sacode". Silenciei, com respeito por ele e com piedade. "Coitado ele estava acostumado mais com o barulho do que com o efeito".

Pessoas há que têm muito esta preocupação de impressionar: resfolegam, cansam-se, agitam-se, respiram muito em cima do rosto do paciente.

O passe deve ter uma ética. A pretexto de amar não deveremos abusar. Devemos manter uma atitude discreta, porque o que vamos transmitir é uma radiação que mimetiza o paciente e fomenta nele uma reativação dos seus fulcros energéticos para restabelecer-lhe o equilíbrio. Não o vamos curar: isto seria muita pretensão. Qual ocorre numa transfusão de sangue, vamos melhorar-lhe o metabolismo, para que o organismo reative as suas funções e venha, por efeito, readquirir o equilíbrio.

No Centro Espírita deve-se ter em mente a aplicação de algumas técnicas, mas que não precisa o excesso delas.

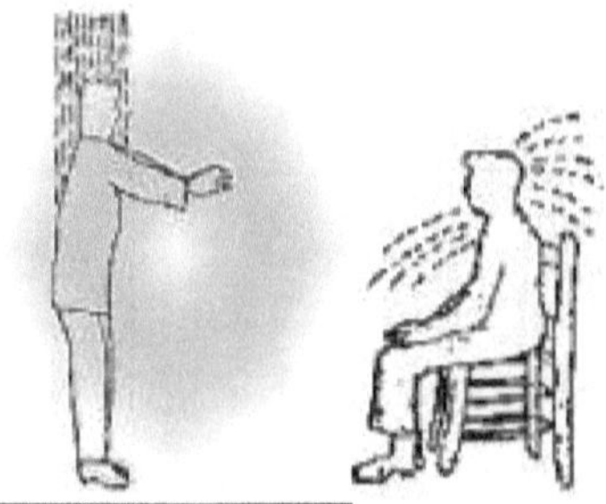

A criatura descrente torna-se refratária à recepção do passe.

Os fluidos não assimilados pelo paciente não se perderão. Retornarão a fonte de origem.

PASSE A DISTÂNCIA (irradiação)

Recolhido em prece, o homem de boa vontade recebe recursos do plano superior, projetando-os, depois, na direção do enfermo ausente, cuja figura mentaliza. Ë o PASSE A DISTÂNCIA ou IRRADIAÇÃO.

"Quando pensamos, emitimos vibrações que produzem ondas a espraiar-se pelos espaços.

Mediante um processo natural de sintonia, a frequência da nossa onda mental atua em outra que lhe são equivalentes, estabelecendo uma sincronia de forças."

João Cleofas/ D.P. Franco

(Do livro Intercâmbio Mediúnico - Editora LEAL)

Referindo-se ao passe a distância, comum nas sessões de irradiação, ouçamos novos esclarecimentos do Mentor Áulus a André Luiz:

"- E pode, acaso, o passe ser dispensado a distância?"

"- Sim, desde que haja sintonia entre aquele que a administra e aquele que o recebe. Nesse caso, diversos companheiros espirituais se ajustam no trabalho do auxílio, favorecendo a realização, e a prece silenciosa será o melhor veículo da força curadora"

(Do livro Nos Domínios da Mediunidade" Cap. 17 - Edição FEB)

O PASSE
REVISTA ESPIRITA

01 - A mediunidade curadora é exercida pela ação direta do médium sobre o doente, com o auxílio de uma espécie de magnetização de fato, ou pelo pensamento.

02 - Quem diz *médium* diz *intermediário*. A diferença entre o magnetizador, propriamente dito, e o médium curador, é que o primeiro magnetiza com o seu fluido pessoal, e o segundo com o fluido dos Espíritos, ao qual serve de condutor. O magnetismo produzido pelo fluido do homem é o *magnetismo humano;* o que provém dos fluidos dos Espíritos é o *magnetismo espiritual.*

03 - O fluido magnético tem, pois, duas fontes distintas: os Espíritos encarnados e os Espíritos desencarnados. Essa diferença de origem produz uma grande diferença na qualidade do fluido e nos seus efeitos.

   O fluido humano está sempre mais ou menos impregnado de impurezas físicas e morais do encarnado; o dos bons Espíritos é necessariamente mais puro e, por isto mesmo, tem propriedades mais ativas, que acarretam uma cura mais pronta. Mas, passando através do encarnado, pode alterar-se como um pouco de água límpida passando por um vaso impuro, como todo remédio se altera se demorou bastante num vaso sujo e perde, em parte, suas propriedades benéficas. <u>Daí, para todo verdadeiro médium curador, a necessidade *absoluta* de trabalhar a sua depuração, isto é, o seu melhoramento moral, segundo o princípio vulgar: limpai o vaso antes de dele vos servirdes, se quiserdes ter algo de bom.</u> Só isto basta para mostrar que o primeiro que aparecer não poderá ser um médium curador, na verdadeira acepção da palavra.

---

4 KARDEC, Allan – Revista Espírita, Setembro de 1865.

04 - O fluido espiritual será tanto mais depurado e benfazejo quanto mais o Espírito que o fornece for puro e desprendido da matéria. Compreende-se que o dos Espíritos inferiores deva aproximar-se do homem e possa ter propriedades maléficas, se o Espírito for impuro e animado de más intenções.

Pela mesma razão, as qualidades do fluido humano apresentam nuanças infinitas, conforme as qualidades *físicas* e *morais* do indivíduo. É evidente que o fluido emanado de um corpo malsão pode inocular princípios mórbidos no magnetizado. <u>As qualidades morais do magnetizador, isto é, a pureza de intenção e de sentimento, o desejo ardente e desinteressado de aliviar, o seu semelhante, aliados à sua saúde do corpo, dão ao fluido um poder reparador que pode, em certos indivíduos, aproximar-se das qualidades do fluido espiritual.</u>

Assim, seria um erro considerar o magnetizador como simples máquina de transmitir fluidos. Nisto, como em todas as coisas, o produto está na razão do instrumento e do agente produtor. Por estes motivos seria imprudência submeter-se à ação magnética do primeiro desconhecido. Abstração feita dos conhecimentos práticos indispensáveis, o fluido do magnetizador é como o leite de uma nutris: salutar ou insalubre.

05 - Sendo o fluido humano menos ativo, exige uma magnetização continuada e um verdadeiro tratamento, por vezes muito longo. Gastando o seu próprio fluido, o magnetizador se esgota e se fatiga, pois, dá de seu próprio elemento vital. Por isso deve, de vez em quando, recuperar suas forças. O fluido espiritual, mais poderoso, em razão de sua pureza, produz efeitos mais rápidos e, por vezes, quase instantâneos. Não sendo esse fluido do magnetizador, resulta que a fadiga e quase nula.

06 - O Espírito pode agir diretamente, sem intermediário, sobre um indivíduo, como foi constatado em muitas ocasiões, quer para o aliviar e o curar, se possível, quer para produzir o sono sonambúlico. Caso aja por um intermediário, trata-se *mediunidade curadora*.

07 - O médium curador recebe influxo fluídico do Espírito, ao passo que o magnetizador tudo tira de si mesmo. Mas os médiuns curadores, na estrita acepção da palavra, isto é, aqueles cuja personalidade se apaga completamente ante a ação espiritual, são extremamente raras, porque essa faculdade, elevada ao mais alto grau, requer um conjunto de qualidades morais, raramente encontrada na terra; só esses podem obter, pela imposição das mãos, essas curas instantâneas, que nos parecem prodigiosas. Poucas pessoas podem pretender este favor. Sendo o orgulho e o egoísmo as principais fontes das imperfeições humanas, daí resulta que <u>os que se gabam de possuir esse dom, que vão a toda parte contando curas maravilhosas que fizeram, ou dizem ter feito, que buscam a glória, a reputação ou o proveito, estão nas piores condições para o obter, porque essa faculdade é o privilégio *exclusivo da modéstia*, da *humildade*, do *devotamento* e do *desinteresse*</u>. Jesus dizia àqueles a quem havia curado: Ide dar graças a Deus e não o digais a ninguém.

08 - Sendo, pois, a mediunidade curadora uma exceção aqui na terra resulta que há quase sempre ação simultânea do fluido espiritual e do fluido humano; quer dizer que os médiuns curadores são todos mais ou menos magnetizados, razão por que agem conforme os processos magnéticos. A diferença está na predominância de um ou do outro fluido e na cura mais ou menos rápida. Todo magnetizador poder tornar-se médium curador, se souber fazer-se assistir por bons Espíritos. Neste caso os Espíritos lhe vêm em ajuda, derramando sobre ele seu próprio fluido, que pode decuplicar ou centuplicar a ação do fluido puramente humano.

09 - Os Espíritos vem aos que querem; nenhuma vontade pode constrangê-los; eles se rendem à prece, se esta for fervorosa, sincera, mas nunca por injunção. Disto resulta que a vontade não pode dar a mediunidade curadora e ninguém pode ser médium curador com desígnio premeditado. <u>Reconhece-se o médium curador pelos resultados que obtém e não por sua pretensão de o ser.</u>

10 - Mas se a vontade for ineficaz quanto ao concurso dos Espíritos, é onipotente para imprimir ao fluido, espiritual ou humano, uma boa direção e uma energia maior. No homem mole e distraído, a corrente é mole, a emissão é fraca; o fluido espiritual para nele, mas sem que o aproveite; no homem de vontade energética, a corrente produz o *efeito de uma ducha*. Não se deve confundir vontade enérgica com a teimosia, porque esta é sempre resultado do orgulho ou do egoísmo, ao passo que o mais humilde pode ter a vontade do devotamento.

A vontade é ainda onipotente para dar aos fluidos as qualidades especiais apropriadas à qualidade do mal. Este ponto, que é capital, se liga a um princípio ainda pouco conhecido, mas que está em estudo: o das criações fluídicas e das modificações que o pensamento pode produzir na matéria. O pensamento que provoca uma emissão fluídica, pode operar certas transformações, moleculares e atômicas, como se veem ser produzidas sob a influência da eletricidade, da luz, ou do calor.

11- <u>A prece, que é um pensamento, quando fervorosa, ardente, feita com fé, produz o efeito de uma magnetização, não só chamado o concurso dos bons Espíritos, mas dirigindo ao doente uma salutar corrente fluídica.</u> Á respeito chamamos a atenção para as preces contidas no *Evangelho Segundo o Espiritismo*, pelos doentes ou pelos obsedados.

12- Se a mediunidade curadora pura é privilégio das almas de escol, a possibilidade de suavizar certos sofrimentos, mesmo de os curar, ainda que não instantaneamente, umas tantas moléstias, a todos é dada, sem que haja necessidade de ser magnetizador. O conhecimento dos processos magnéticos é útil em casos complicados, mas não indispensável. <u>Como a todos é dado apelar aos bons Espíritos, orar e *querer* o bem, muitas vezes basta impor as mãos sobre a dor para a acalmar; é o que pode fazer qualquer um, se trouxer a fé, o fervor, a vontade e a confiança em Deus.</u> É de notar que a maior parte dos médiuns curadores inconscientes, os que não se dão conta de sua faculdade, e que por vezes são encontrados nas mais humildes posições e em gente privada de qualquer instrução, recomendam a prece e se entre ajudam orando. Apenas sua ignorância lhes faz crer na influência desta ou daquela fórmula. Às vezes, mesmo, a isto misturam práticas evidentemente supersticiosas, às quais se deve emprestar o valor que merecem.

13 - Mas, porque se obtiveram resultados satisfatórios, uma ou mais vezes, seria temerário considerar-se médium curador e daí concluir que se pode vencer toda espécie de mal. A experiência prova que, na acepção restrita da palavra, entre os melhores dotados não há médiuns curadores universais. Este terá restituído a saúde a um doente e nada fará sobre outro; aquele terá curado um mal numa pessoa e não curará o mesmo mal uma outra vez, no mesmo doente ou em outro; aquele outro terá a faculdade hoje e não a terá amanhã; e poderá recuperá-la mais tarde, conforme as afinidades ou as condições fluídicas em que se encontre.

14 - A mediunidade curadora é uma *aptidão*, como todos os gêneros de mediunidade, inerente ao indivíduo, mas o resultado efetivo dessa aptidão independe de sua vontade. Incontestavelmente ela se desenvolve pelo exercício,

sobretudo, pela prática do bem e da caridade; mas como não poderia ter a fixidez, nem a pontualidade de um talento adquirido pelo estudo, e do qual se é sempre senhor, não poderia tornar-se uma profissão. Seria, pois, abusivamente que alguém se apresentasse ao público como médium curador. Estas reflexões não se aplicam aos magnetizadores, porque a força está neles e tem a liberdade de dela dispor.

15 - É um erro crer que os que não partilham de nossas ideias não terão a menor repugnância em experimentar esta faculdade. A mediunidade curadora *racional* está intimamente ligada ao Espiritismo, desde que repousa essencialmente no concurso dos Espíritos. Ora, os que nem creem nos Espíritos, nem na alma, e, ainda menos, na eficácia da prece, não poderiam colocar-se nas condições requeridas, pois isto não é coisa que se possa experimentar maquinalmente. Entre os que acreditam na alma e em sua imortalidade, quantos ainda hoje não recuariam de medo ante um apelo aos bons Espíritos, por medo de atrair o demônio e ainda julgam de boa-fé que todas as curas sejam obra do diabo? O fanatismo é cego; não raciocina. Certamente não será sempre assim, mas ainda passará muito tempo antes que a luz penetre em certos cérebros. Enquanto se espera, façamos o maior bem possível com o auxílio do Espiritismo; façamo-lo mesmo aos nossos inimigos, ainda que tivéssemos de ser pagos com a ingratidão. É o melhor meio de vencer certas resistências e de provar que o Espiritismo não é tão negro como alguns pretendem.

Obs.: *Este é um trabalho pouco conhecido de Allan Kardec, e foi publicado na Revista Espírita, de setembro de 1865.*

O PASSE PERISPÍRITO

PERISPÍRITO

Introdução

"O Espírito, propriamente dito, nenhuma cobertura tem, ou, como pretendem alguns, está sempre envolto numa substância qualquer?

- Envolve-o uma substância, vaporosa para os teus olhos, mais ainda bastante grosseira para nós; assaz vaporosa, entretanto, para poder elevar-se na atmosfera e transporta-se aonde queira". (O Livro dos Espíritos - Questão 93)

O homem é composto de:

- Corpo ou ser material;
- Alma ou Espírito, encarnado;
- Perispírito (semimaterial)

O Espírito quer, o perispírito transmite e o corpo executa.

Conceito

O perispírito ou corpo do Espírito é um dos mais importantes produtos do **fluido cósmico;** é uma condensação desse fluido em torno de um princípio inteligente individualizado ou Espírito.

Natureza

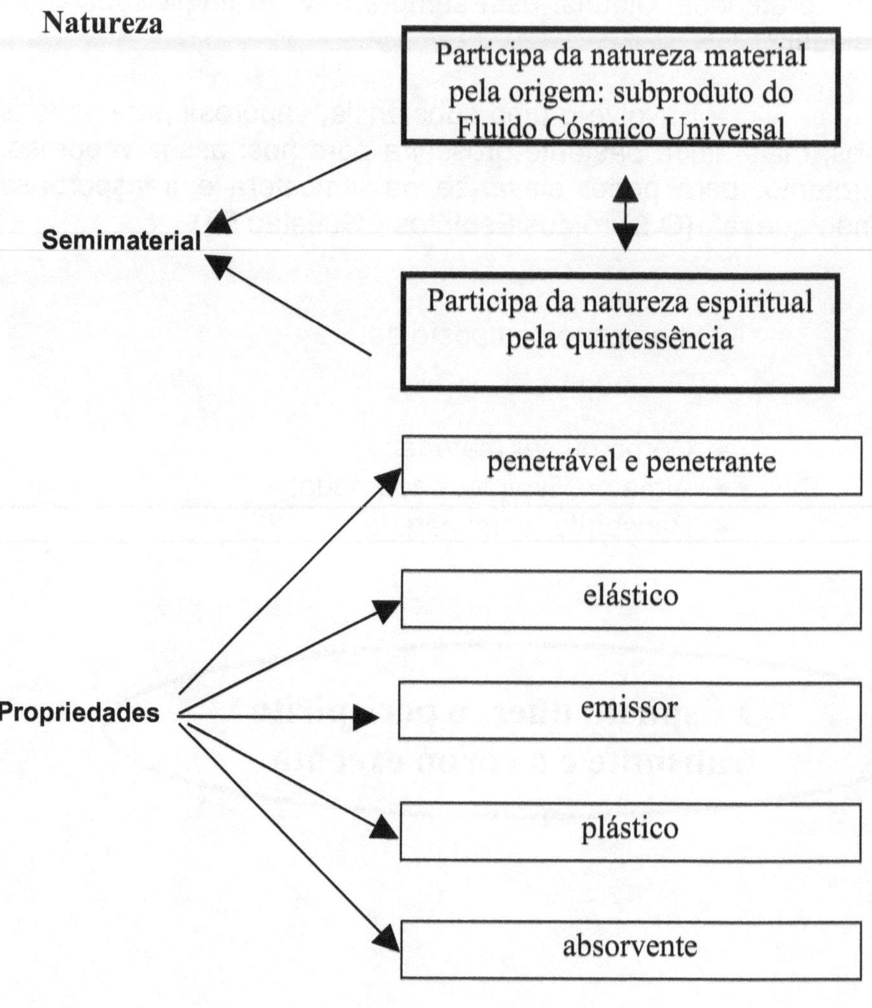

Funções

laço de união entre o Espírito e o corpo material
veículo de manifestação do ser espiritual na Erraticidade
modelador da forma
veículo do pensamento
elemento de exteriorização da mediunidade
chave de todos os fenômenos espíritas de ordem material

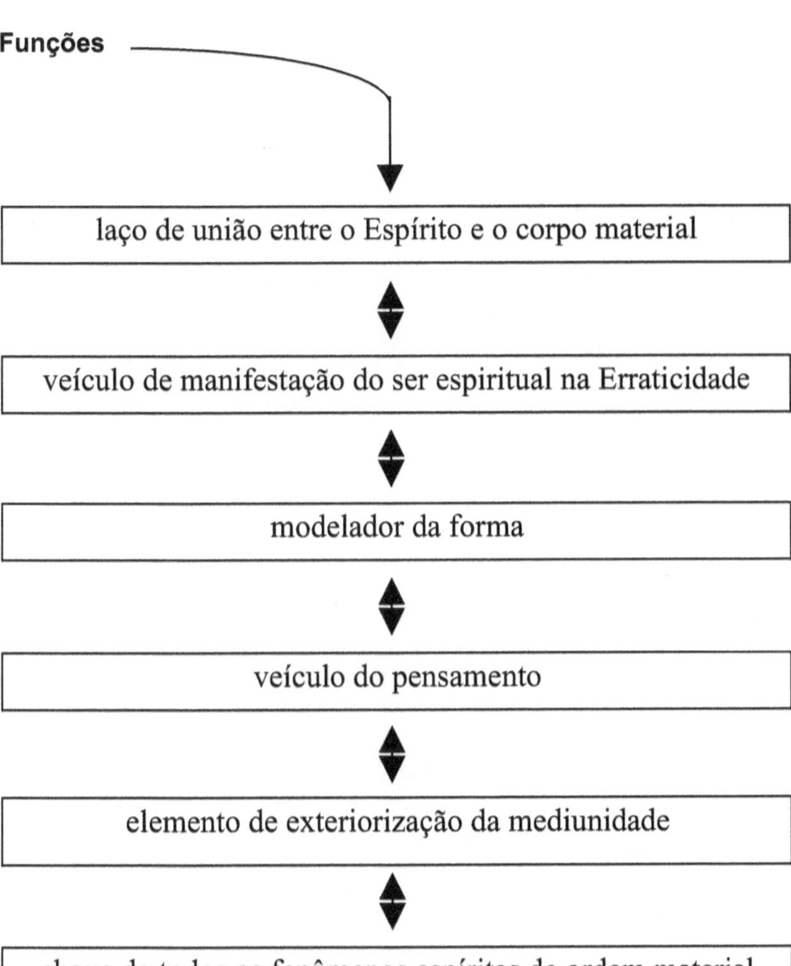

O PASSE CENTRO DE FORÇA

CENTRO DE FORÇA E AS GRÂNDULAS

Centro de Força (Sistema Endócrino)

"Vários estudos têm demonstrado a existência, no perispírito, de discos energéticos (chacras), como verdadeiros controladores das correntes de energia, centrífugas (do Espírito para matéria) ou centrípetas (da matéria para o Espírito), que aí se instalam como manifestações da própria vida." Jorge Andréa dos Santos

SISTEMA ENDÓCRINO

Sistema endócrino é formado pelo conjunto de glândulas que apresentam como atividade característica a produção de secreções denominadas hormonas.

Frequentemente o sistema endócrino interage com o sistema nervoso, formando mecanismos reguladores bastante precisos. O sistema nervoso pode fornecer ao sistema endócrino informações sobre o meio externo, enquanto o sistema endócrino regula a resposta interna do organismo a esta informação. Dessa forma, o sistema endócrino em conjunto com o sistema nervoso atua na coordenação e regulação das funções corporais.

Alguns dos principais órgãos que constituem o sistema endócrino são: a hipófise, o hipotálamo, a tireoide, as suprarrenais, o pâncreas e as gônadas (os ovários e os testículos).

Os Centros de Força (chacra) e as Glândulas

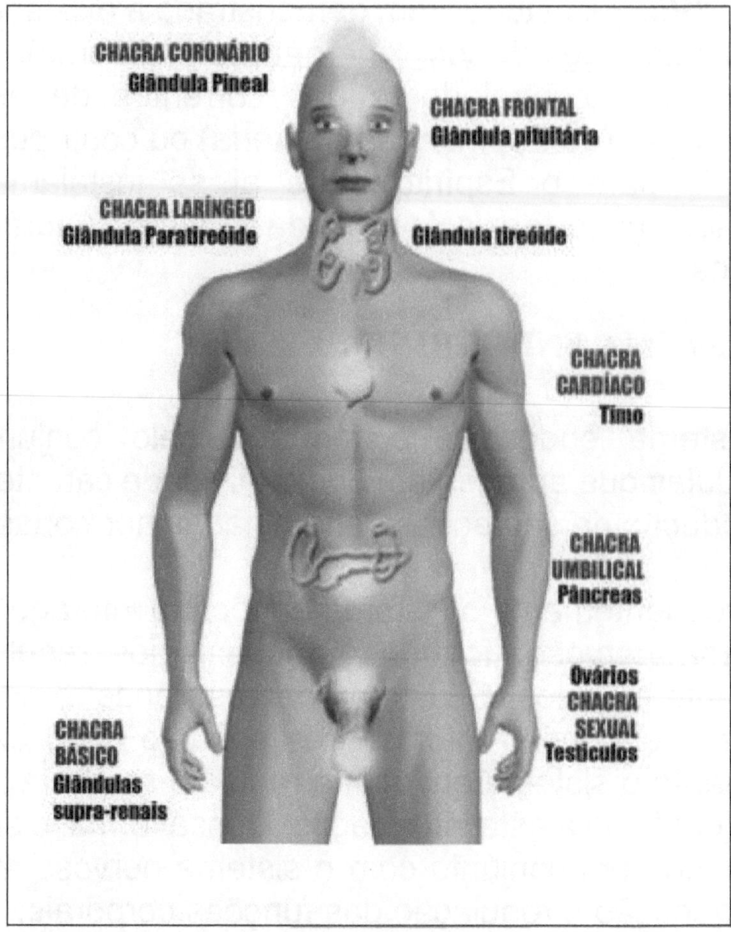

Www.Guia.Heu.Nom.Br/Glandula_Pineal.Htm,
Www.Portalsaofrancisco.Com.Br/Alfa/Hipofise/Hipofise.Php

HORMÔNIOS

Os hormônios são substâncias liberadas na corrente sanguínea por uma glândula ou órgão e que afetam a atividade de células de um outro local. Em sua maioria, os hormônios são proteínas compostas de cadeias de aminoácidos de comprimento variável. Outros são esteroides, substâncias gordurosas derivadas do colesterol. Quantidades muito pequenas de hormônios podem desencadear respostas muito grandes no organismo. Os hormônios ligam-se aos receptores localizados sobre a superfície da célula ou no seu interior. A ligação de um hormônio a um receptor acelera, reduz ou altera a função celular de uma outra maneira. Em última instância, os hormônios controlam a função de órgãos inteiros. Eles controlam o crescimento e o desenvolvimento, a reprodução e as características sexuais.

Eles influenciam a maneira como o organismo utiliza e armazena a energia. Além disso, os hormônios controlam o volume de líquido e as concentrações de sal e de açúcar no sangue. Alguns hormônios afetam somente um ou dois órgãos, enquanto outros afetam todo o organismo. Por exemplo, o hormônio estimulante da tireoide é produzido na hipófise e afeta apenas a tireoide. Em contraste, o hormônio tireoidiano é produzido na tireoide, mas afeta células de todo o organismo. A insulina, produzida pelas células das ilhotas pancreáticas, afeta o metabolismo da glicose, das proteínas e das gorduras em todo o organismo.

CONTROLES ENDÓCRINOS

Quando as glândulas endócrinas funcionam mal, as concentrações séricas dos hormônios podem tornar-se anormalmente altas ou baixas, alterando as funções orgânicas. Para controlar as funções endócrinas, a secreção de cada hormônio deve ser regulada dentro de limites precisos.

O organismo precisa detectar a cada momento a necessidade de uma maior ou menor quantidade de um determinado hormônio. O hipotálamo e a hipófise secretam seus hormônios quando detectam que a concentração sérica de um outro hormônio por eles controlado encontra-se muito alta ou muito baixa.

Os hormônios hipofisários então circulam na corrente sanguínea para estimular a atividade de suas glândulas alvo. Quando a concentração sérica do hormônio alvo é a adequada, o hipotálamo e a hipófise deixam de produzir hormônios, uma vez que eles detectam que não há mais necessidade de estimulação. Este sistema de retroalimentação regula todas as glândulas que se encontram sob controle hipofisários.

Determinados hormônios que são controlados pela hipófise variam de acordo com programas previstos. Por exemplo, o ciclo menstrual de uma mulher envolve flutuações mensais da secreção do hormônio luteinizante e hormônio folículo estimulante pela hipófise. Os hormônios ovarianos (os estrogênios e a progesterona) também apresentam flutuações mensais.

Ainda não está claro como o hipotálamo e a hipófise controlam esses biorritmos. No entanto, sabe-se com certeza que os órgãos respondem a algum tipo de relógio biológico. Existem outros fatores que também estimulam a produção de hormônios. A prolactina, um hormônio secretado pela hipófise, faz com que as glândulas mamárias produzam leite. O lactente, ao sugar o mamilo, estimula a hipófise a secretar mais prolactina.

A sucção também aumenta a secreção de ocitocina, a qual provoca a contração dos canais lactíferos, conduzindo o leite até o mamilo para alimentar o lactente. As glândulas que não são controladas pela hipófise (p.ex., ilhotas pancreáticas e paratireoides) possuem seus próprios sistemas para determinar quando é necessária uma maior ou uma menor secreção.

Por exemplo, a concentração de insulina aumenta logo após as refeições, pois o organismo precisa processar os açúcares dos alimentos. Entretanto, se a concentração de insulina permanecesse elevada, a concentração sérica de açúcar diminuiria perigosamente. Outras concentrações hormonais variam por razões menos óbvias. As concentrações de corticosteroides e do hormônio do crescimento são mais elevadas pela manhã e mais baixos no meio da tarde. As razões dessas variações diárias não são totalmente conhecidas.

TRANSMISSORES

A Função dos Transmissores

Embora todas as células respondam aos transmissores e a maioria delas os produzam, os seus efeitos são comumente agrupados em três sistemas principais (o nervoso, o imune e o endócrino) essenciais para a coordenação das atividades do organismo.

Esses três sistemas têm muito em comum e cooperam entre si. Seus transmissores são compostos por proteínas ou derivados das gorduras. Alguns transmissores percorrem somente uma curta distância (inferior a 2,5 cm), enquanto outros percorrem distâncias consideráveis através da corrente sanguínea para atingirem seus alvos. Os transmissores ligam-se à sua célula salvo utilizando proteínas receptoras específicas localizadas sobre a superfície celular ou no interior da célula. Alguns transmissores alteram a permeabilidade das membranas celulares para determinadas substâncias (p.ex., a insulina altera o transporte da glicose através das membranas celulares). Outros transmissores, como a adrenalina (epinefrina) e o glucagon, alteram a atividade de seus receptores, fazendo com que eles produzam outras substâncias que atuam como transmissores secundários.

Eles afetam a atividade do material genético da célula, alterando a produção celular de proteínas ou a atividade das proteínas que já se encontram no interior da célula. O efeito de um transmissor específico depende de seu local de secreção. Por exemplo, a noradrenalina (norepinefrina) eleva a pressão arterial quando as adrenais a secretam no sangue. No entanto, quando ela é liberada no sistema nervoso, a noradrenalina estimula apenas a atividade das células nervosas próximas, sem afetar a pressão arterial.

As glândulas são órgãos que produzem, armazenam e eliminam substâncias que são chamadas secreções. Assim, por exemplo, as lágrimas são as secreções das glândulas lacrimais; a saliva é a secreção das glândulas salivares; o leite é a secreção das glândulas mamárias.

Algumas glândulas possuem canais para eliminar suas secreções no meio exterior ou em cavidades de órgãos. Essas glândulas são chamadas exócrinas ou de secreção externa. É o caso das glândulas salivares, das glândulas lacrimais, das glândulas sudoríparas e sebáceas.

Outras glândulas lançam suas secreções diretamente no sangue, que constitui o meio interno do organismo. Por isso essas glândulas são chamadas endócrinas ou de secreção interna. É o caso das glândulas tireoide e suprarrenais. As secreções dessas glândulas chamam-se hormônios e seu estudo denomina-se Endocrinologia.

Certas glândulas como o pâncreas e as gônadas possuem dois tipos de células com funções diferentes. Um grupo de células elabora uma secreção que é lançada fora da glândula por meio de canais. Esse grupo de células funciona como glândula exócrina. Outro grupo de células elabora hormônios que são lançados diretamente na corrente sanguínea. Nesse caso o grupo de células funciona como glândula endócrina.

Por exemplo, a secreção exócrina do pâncreas é o suco pancreático, lançado no duodeno pelo canal pancreático. A secreção endócrina é o hormônio insulina elaborado pelas ilhotas pancreáticas. Esse hormônio é lançado diretamente no sangue. É por isso que muitos autores consideram o pâncreas uma glândula mista, isto é, de função exócrina e endócrina ao mesmo tempo.

O **sistema endócrino** é um conjunto de glândulas de secreção interna. Suas secreções - os hormônios -

lançados na circulação sanguínea atuam nas reações do metabolismo, do crescimento, nas funções reprodutoras e no desenvolvimento em geral.

O **sistema endócrino**, juntamente com o sistema nervoso, faz a coordenação do nosso corpo, colocando em harmonia as suas partes, relacionando umas às outras de maneira regular.

Das glândulas endócrinas estudaremos a hipófise, a tireoide, as paratireoides, as suprarrenais, as ilhotas pancreáticas, o timo e as gônadas (ovário e testículos) e os centro de forças correspondente que se localiza no perispírito.

A ação dos fluidos nos centros de forças, que funcionam como acumuladores de energia, distribuindo-a para os plexos no corpo físico.

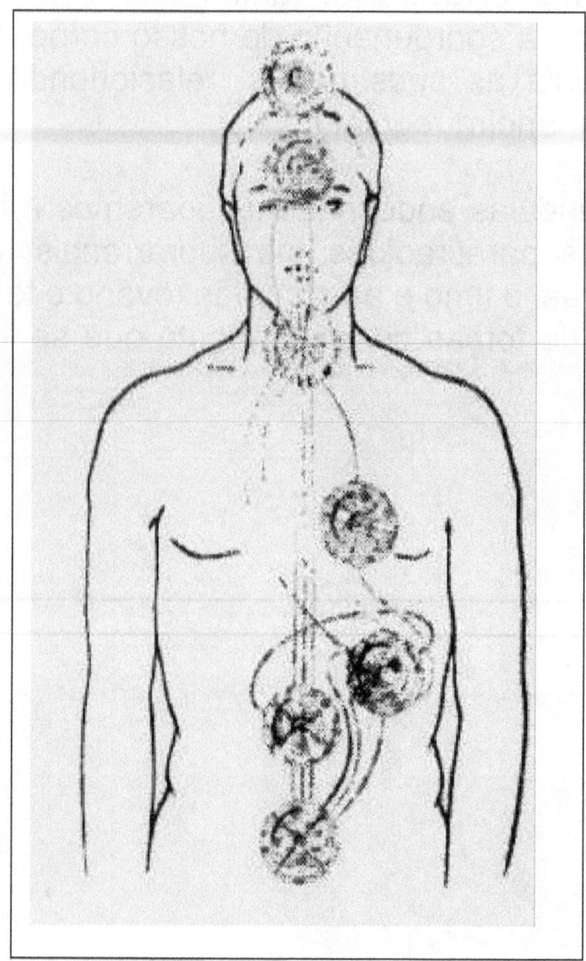

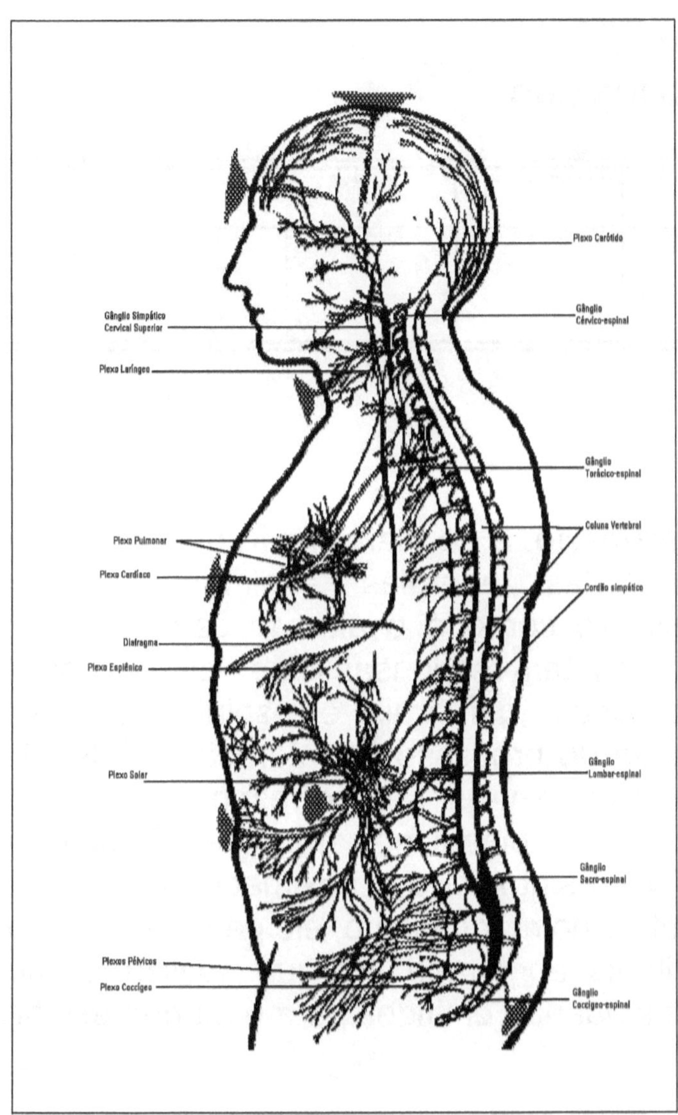

Plexo Carótido
Gânglio Cérvico-espinal
Gânglio Simpático Cervical Superior
Plexo Laríngeo
Gânglio Torácico-espinal
Coluna Vertebral
Plexo Pulmonar
Plexo Cardíaco
Cordão simpático
Diafragma
Plexo Esplênico
Plexo Solar
Gânglio Lombar-espinal
Gânglio Sacro-espinal
Plexos Pélvicos
Plexo Coccígeo
Gânglio Coccígeo-espinal

CENTRO DE FORÇA

CORONÁRIO

Centro de Força	Plexo correspondente	Localização	Funções
Coronário	Coronário	Alto da cabeça	• É a sede da mente. • Supervisiona os demais centros vitais que lhe obedecem ao impulso, procedente do Espírito. Assimila os estímulos do Plano Superior. • Orienta a forma, o movimento, a estabilidade, o metabolismo orgânico e a vida consciencial da alma encarnada ou desencarnada.

Coronário o de mais alta frequência, o que vibra no sentido das "energias" espirituais; sua localização relativa ao corpo é o alto da cabeça; é o centro da sabedoria; tem responsabilidade direta sobre as funções psicológicas, cerebrais e espirituais; cabe a ele a gerência do processo de interação e intercâmbio entre os demais centros; seu correspondente, em termos de glândulas é a pineal; no campo mediúnico é o centro que propicia a sintonia, a aproximação e o contato com os Espíritos; no magnetismo, ele percebe e capta os fluidos espirituais ao tempo em que sutiliza os fluidos mais densos quando emitidos para o mundo espiritual;

Coronário – são prejudiciais: os excessos de preocupação, a estafa mental, sono insuficiente ou excessivo, a mente devotada a guardar ódios, mágoas e rancores, a autocompaixão, o desejo e a vibração do mal, o egoísmo, as ideias de vingança, a falta de mentalizações positivas, o negativismo...;

São providenciais: o equilíbrio das emoções, o repouso e o refazimento naturais, praticar e desejar o bem, a compaixão, o altruísmo, o sentimento de piedade, a oração frequente, o otimismo...

GRANDULA PINEAL

No relato do Espírito **André Luiz**, através da psicografia de Chico Xavier ocorrida em 1943, no livro Missionários da Luz **(1)**, o orientador Alexandre faz as seguintes considerações: "... analisemos a **epífise** como **glândula da vida espiritual do homem**. Segregando energias psíquicas, a **glândula pineal** conserva ascendência em todo o sistema endócrino. Ligada à mente, através de princípios eletromagnéticos do campo vital, que a ciência comum ainda não pode identificar, comanda as forças subconscientes sob a determinação direta da vontade. As redes nervosas constituem os fios telegráficos para ordens imediatas a todos os departamentos celulares, e sob sua direção efetuam-se os suprimentos de energias psíquicas a todos os armazéns autônomos dos órgãos..."

O Dr. Sérgio Felipe de Oliveira, médico, pesquisador do Instituto de Ciências Biomédicas da Universidade de São Paulo, em seu estudo sobre a **pineal**, chegou à seguinte conclusão:

"A **pineal** é um sensor capaz de 'ver' o mundo espiritual e de coligá-lo com a estrutura biológica.

É uma glândula, portanto, que 'vive' o dualismo espírito-matéria.

O cérebro capta o magnetismo externo através da glândula pineal."

Relato do espírito André Luiz, texto da Obra Missinário da Luz

"Enquanto o nosso companheiro se aproveitava da organização mediúnica, vali-me das **forças magnéticas** que o instrutor me fornecera, para fixar a máxima atenção no **médium**.

Quanto mais lhe notava as singularidades do cérebro, mais admirava a luz crescente que a **epífise** deixava perceber. A **glândula minúscula** transformara-se em núcleo radiante e, em derredor, seus raios formavam um lótus de pétalas sublimes.

Examinei atentamente os demais encarnados. Em todos eles, **a glândula** apresentava notas de luminosidade, mas em nenhum brilhava como no intermediário em serviço.

Sobre o núcleo, semelhante agora a flor resplandecente, caía luzes suaves, de Mais Alto, reconhecendo eu que ali se encontravam em jogo de vibrações delicadíssimas, imperceptíveis para mim.

Estudara a função da **epífise** nos meus apagados serviços de médico terrestre.

1. Segundo os orientadores clássicos, circunscreviam-se suas atribuições ao **controle sexual** no período infantil.

2. Não passava de velador dos instintos, até que as rodas da experiência sexual pudessem deslizar com regularidade, pelos caminhos da vida humana.

3. Depois, decrescia em força, relaxava-se, quase desaparecia, para que as glândulas genitais a sucedessem no campo da energia plena.

Minhas observações, ali, entretanto, contrastavam com as definições dos círculos oficiais.

Como o recurso de quem ignora é esperar pelo conhecimento alheio, aguardei **Alexandre** (o instrutor) para elucidar-me, findo o serviço ativo.

— Conheço-lhe a perplexidade — falou o instrutor. — Também passei pela mesma surpresa, noutro tempo.

A **epífise** é agora uma revelação para você.

— Não se trata de órgão morto, segundo velhas suposições — prosseguiu ele. — **É a glândula da vida mental**.

Ela acorda no organismo do homem, na **puberdade**, as forças criadoras e, em seguida, continua a funcionar, como o mais avançado laboratório de <u>elementos psíquicos</u> da criatura terrestre.

O neurologista comum não a conhece bem.

O psiquiatra devassar-lhe-á, mais tarde, os segredos.

Os psicólogos vulgares ignoram-na.

Freud interpretou-lhe o desvio, quando exagerou a influenciação da "libido", no estudo da indisciplina congênita da Humanidade.

Enquanto no período do desenvolvimento_infantil, fase de reajustamento desse centro importante do corpo_perispiritual preexistente, a **epífise parece constituir o freio às manifestações do** sexo; entretanto, há que retificar observações.

Aos quatorze anos, aproximadamente, de posição estacionária, quanto às suas atribuições essenciais, recomeça a funcionar no homem reencarnado. **O que representava controle é fonte criadora e válvula de escapamento**.

A **glândula pineal** reajusta-se ao concerto orgânico e reabre seus mundos maravilhosos de sensações e impressões na esfera emocional.

Entrega-se a criatura à **recapitulação da sexualidade**, examina o inventário de suas paixões vividas noutra época, que reaparecem sob fortes impulsos.

A **epífise** preside aos fenômenos nervosos da emotividade, como órgão de elevada expressão no corpo_etéreo. Desata, de certo modo, os laços divinos da Natureza, os quais ligam as existências umas às outras, na seqüência de lutas, pelo aprimoramento da alma, e deixa entrever a grandeza das faculdades criadoras de que a criatura se acha investida.

— Deus meu! — exclamei — e as glândulas genitais, onde ficam?

O instrutor sorriu e esclareceu:

— São demasiadamente mecânicas, para guardarem os princípios sutis e quase imponderáveis da geração. Acham-se absolutamente controladas pelo potencial magnético de que a **epífise** é a fonte fundamental. As glândulas genitais segregam os hormônios do sexo, mas a **glândula pineal**, se me posso exprimir assim, segrega "**hormônios psíquicos**" ou "unidades-força" que vão atuar, de maneira positiva, nas energias geradoras. Os cromossomos da bolsa seminal não lhe escapam à influenciação absoluta e determinada.

Alexandre fez um gesto significativo e considerou:

— No entanto, não estamos examinando problemas de embriologia. Limitemo-nos ao assunto inicial e analisemos a **epífise**, como **glândula da vida espiritual do homem**.

1. **Segregando delicadas energias psíquicas**, a **glândula pineal** conserva ascendência em todo o sistema endócrino.

2. Ligada à mente, através de **princípios eletromagnéticos** do campo vital, que a ciência comum ainda não pode identificar, comanda as forças subconscientes sob a determinação direta da vontade.

3. As redes nervosas constituem-lhe os fios telegráficos para ordens imediatas a todos os departamentos celulares, e **sob sua direção efetuam-se os suprimentos de energias psíquicas a todos os armazéns autônomos dos órgãos**.

4. Manancial criador dos mais importantes, suas atribuições são extensas e fundamentais.

5. Na qualidade de controladora do mundo emotivo, sua posição na experiência sexual é básica e absoluta.

De modo geral, todos nós, agora ou no pretérito, viciamos esse foco sagrado de forças criadoras, transformando-o num ímã relaxado, entre as sensações_inferiores de natureza animal.

Quantas existências temos despendido na canalização de nossas possibilidades espirituais para os campos mais baixos do prazer materialista?

Lamentavelmente divorciados da lei do uso, abraçamos os **desregramentos emocionais**, e daí, meu caro amigo, a nossa multimilenária viciação das energias geradoras, carregados de compromissos morais, com todos aqueles a quem ferimos com os nossos desvarios e irreflexões.

Do lastimável menosprezo a esse potencial sagrado, decorrem os dolorosos fenômenos da hereditariedade fisiológica, que deveria constituir, invariavelmente, um quadro de aquisições abençoadas e puras.

A perversão do nosso plano mental consciente, em qualquer sentido da evolução, **determina a perversão de nosso psiquismo inconsciente**, encarregado da execução dos desejos e ordenações mais íntimas, na esfera das operações automáticas.

A **vontade desequilibrada** desregula o foco de nossas possibilidades criadoras.

Daí procede a necessidade de regras morais para quem, de fato, se interesse pelas aquisições eternas nos domínios do Espírito.

> Renúncia,
> abnegação,
> continência sexual
> e **disciplina emotiva** não representam meros preceitos de feição religiosa.

São providências de teor científico, para enriquecimento eletivo da personalidade.

Nunca fugiremos à lei, cujos artigos e parágrafos do Supremo Legislador abrangem o Universo.

Ninguém enganará a Natureza. Centros vitais desequilibrados obrigarão a alma à permanência nas situações de desequilíbrio.

Não adianta alcançar a morte física, exibindo gestos e palavras convencionais, se o homem não cogitou do burilamento próprio.

A Justiça que rege a Vida Eterna jamais se inclinou.

É certo que os sentimentos profundos do extremo instante do Espírito encarnado cooperam decisivamente nas atividades de regeneração além do túmulo, **mas não representam a realização precisa.**

O instrutor falava em tom sublime, pelo menos para mim, que, pela primeira vez, ouvia comentários sobre consciência, virtude e santificação, dentro de conceitos estritamente lógicos e científicos no campo da razão.

Agora, aclaravam-se-me os raciocínios, de modo franco.

Receber um corpo, nas concessões do reencarnacionismo, não é ganhar um barco para nova aventura, ao acaso das circunstâncias, mas significa responsabilidade definida nos serviços de aprendizagem, elevação ou reparação, nos esforços evolutivos ou redentores.

— **Compreende, agora, as funções da epífise no crescimento mental do homem e no enriquecimento dos valores da alma?** — indagou-me o orientador.

— Sim... — respondi sob impressão forte.

— Segregando "**unidades-força**" — continuou —, pode ser comparada a poderosa usina, que deve ser aproveitada e controlada, no serviço de iluminação, refinamento e benefício da personalidade e não relaxada em gasto excessivo do **suprimento psíquico**, nas emoções de baixa classe. **Refocilar-se** no charco das sensações_inferiores, à maneira dos suínos, é retê-la nas correntes tóxicas dos desvarios de natureza animal, e, na despesa excessiva de energias sutis, muito dificilmente consegue o homem levantar-se do mergulho terrível nas sombras, mergulho que se prolonga, **além da morte corporal**. Em vista disso, é indispensável cuidar atentamente da economia de forças, em todo serviço honesto de desenvolvimento das faculdades superiores.

Os materialistas da razão pura, senhores de vastos patrimônios intelectuais, perceberam de longe semelhantes realidades e, no sentido de preservar a juventude, a plástica e a **eugenia**, fomentaram a prática do esporte, em todas as suas modalidades. Contra os perigos possíveis, na excessiva acumulação de forças nervosas, como são chamadas as **secreções elétricas** da **epífise**, aconselharam aos moços de todos os países o uso do remo, da bola, do salto, da barra, das corridas a pé. Desse modo, preservavam-se os valores orgânicos, legítimos e normais, para as funções da hereditariedade. A medida, embora satisfaça em parte, é, contudo, incompleta e defeituosa. Incontestavelmente, a ginástica e o exercício controlados são fatores valiosos de saúde; a competição esportiva honesta é fundamento precioso de socialização; no entanto, podem circunscrever-se a meras providências, em benefício dos ossos, e, por vezes, degeneram-se em elástico das paixões menos dignas. São muito raros ainda, na Terra, os que reconhecem a necessidade de preservação das **energias psíquicas** para engrandecimento do Espírito eterno. O homem vive esquecido de que Jesus ensinou a virtude **como esporte da alma**, e nem sempre se recorda de que, no problema do **aprimoramento interior**, não se trata de retificar a sombra da substância e sim a substância em si mesma.

— Entende, agora, como é importante renunciar? Percebe a grandeza da lei de elevação pelo **sacrifício**?

A sangria estimula a produção de células vitais, na medula óssea; a poda oferece beleza, novidade e abundância nas árvores. O homem que pratica verdadeiramente o bem, vive no seio de vibrações construtivas e santificantes da gratidão, da felicidade, da alegria. Não é fazer teoria de esperança. É princípio científico, sem cuja aplicação, na esfera comum, não se liberta a alma, descentralizada pela viciação nas zonas mais baixas da Natureza.

E porque observasse que as instruções lhe tomavam demasiado tempo, Alexandre concluiu:

— De acordo com as nossas observações, a função da **epífise** na vida mental é muito importante.

— Sim — considerei —, **compreendo agora a substancialidade de sua influenciação** no sexo e **entendo igualmente a dolorosa e longa tragédia sexual da humanidade. Percebo, nitidamente, o porquê dos dramas que se sucedem, ininterruptos, as aflições que parecem nunca chegar ao fim, as**

ansiedades que esbarram no crime, o cipoal do sofrimento, envolvendo lares e corações...

— E o homem sempre disposto a viciar os **centros sagrados de sua personalidade** — concluiu Alexandre, solenemente —, sempre inclinado a contrair novos débitos, mas dificilmente decidido a retificar ou pagar.

— Você pergunta se não seria mais interessante encerrar todas as experiências do **sexo**, sepultar as possibilidades do renascimento carnal. Semelhante indagação, no entanto, é improcedente. Ninguém deve agir contra a lei. O uso respeitável dos patrimônios da vida, a união enobrecedora, a aproximação digna, constituem o programa de elevação. **É, portanto, indispensável distinguir entre harmonia e desequilíbrio, evitando o estacionamento em desfiladeiros fatais."**

André Luiz, Livro Missinários da Luz, Fracisco Candido Xavier

FRONTAL

Centro de Força	Plexo correspondente	Localização	Funções
Cerebral ou Frontal;	Frontal (carótico)	Fronte (lobo frontal)	• Possui influência decisiva sobre os demais centros vitais; • Governa o córtice encefálico na sustentação dos sentidos, marcando a atividade das glândulas endócrinas; • Administra o sistema nervoso, em toda a sua organização, coordenação, atividade e mecanismo, desde os neurônios até as células efetoras.

Frontal também de alta frequênçia, apesar de muito abaixo da frequência do coronário; localiza-se no entre olhos, na região vulgarmente conhecida como terceiro olho; é o centro da intuição; responde sobre as funções da visão, da audição, do olfato e ainda administra o sistema nervoso central; guarda relação com a glândula **pituitária** (hipófise), no campo mediúnico é o centro ativado nos fenômenos de vidência, audiência e intuição, além de exercer função de exteriorização de fluidos ectoplásmicos para as materializações e para os efeitos físicos; também responde pelo controle ou descontrole das gesticulações na incorporação; no magnetismo, tem forte presença nos processos hipnóticos e nos processos de regressão de memória; por ele, tanto se estabelece a relação de domínio como se quebra o vínculo exercido por outrem;

Frontal – são negativos: ter olhos maus, importa-se e disseminar fofocas e mexericos, alimentar inveja e orgulho, descontroles físicos e emocionais, ser pessimista e ou hipocondríaco, arquitetar planos maliciosos ou maldosos, leituras nocivas...;

São positivos: ver sempre positivamente, falar bem das coisas e/ou pessoas, abolir preconceitos, equilibrar as atividades físicas, acreditar-se bem e bom sem com isso envaidecer-se ou orgulhar-se, fazer boas leituras, divertir-se sadiamente evitando excessos...

GRANDULA HIPÓFISE

É uma glândula endócrina localizada na base do cérebro. Tem forma oval e mede cerca de 1,5 centímetro em seu maior diâmetro. Produz vários hormônios, entre os quais o hormônio do crescimento.

Quando secretado em excesso nos períodos de crescimento do corpo, esse hormônio causa uma deformação chamada gigantismo. Se, ao contrário, sua produção for insuficiente no mesmo período de vida, ocorrerá o chamado nanismo.

Outros hormônios produzidos pela hipófise controlam a atividade das demais glândulas, como a tireoide, as paratireoides, as suprarrenais e as gônadas. Além disso, a hipófise, através de diferentes hormônios, regula as contrações da musculatura lisa do útero (fundamental no parto), a reabsorção de água pelos rins e o aproveitamento de gorduras e carboidratos. Por tudo isso, ela é considerada a glândula-chefe do nosso organismo.

O distúrbio glandular pode ocorrer na idade adulta quando já cessou o crescimento. O indivíduo, produzindo hormônio do crescimento em excesso, vai ter um crescimento exagerado das extremidades dos membros. O defeito ocasionado denomina-se acromegalia.

LARÍNGEO

Centro de Força	Plexo correspondente	Localização	Funções
Laríngeo	Laríngeo (faríngeo)	Na Garganta	• Controla a fonação; • Controla a respiração.

Laríngeo – ainda considerado como de alta frequência , exerce significativo papel de filtragem dos fluidos anímicos quando em direção aos fluidos e campos espirituais; é o centro da criatividade; localiza-se sobre a laringe (garganta) e, por isso, também é conhecido como o centro da garganta; regula a fonia, o sistema respiratório, o processo digestivo inicial, a pressão arterial e corresponde-se com as glândulas tireoide e paratireoide; no campo mediúnico tem presença marcante nos fenômenos de psicofonia e de indução, sem falar na pujança de sua atividade exteriorizada de ectoplasma; no magnético, responde pelas insuflações;

Laríngeo – negativos: falar mal, dar maus conselhos, alimentar monoidéias, fechar-se sobre os próprios sentimentos, desdenhar, ridicularizar o próximo, vícios...;

Positivos: falar bem, dar bons conselhos, alimentar-se de bons estudos e boas conversas, abrir-se a diálogos construtivos, extrair sempre o lado positivo das pessoas, ausência de vícios...

TIREÓIDE

Essa glândula está localizada na parte dianteira e inferior do pescoço, em frente à traqueia. Seu hormônio é a tiroxina, em cuja composição entra o iodo. Ele controla o ritmo das funções celulares e, portanto, de todo o organismo. O bom funcionamento da tireoide depende diretamente do hormônio tireotrófico, produzido pela hipófise.

Como característica da escassez na produção desses hormônios (hipotireoidismo) manifestam-se no indivíduo inchaço, aspereza e fragilidade dos fios de cabelo, apatia e raciocínio lento. Se esse hipotireoidismo ocorrer na infância, além do atraso no desenvolvimento, ocorre um atraso mental acentuado.

No hipertireoidismo (produção excessiva de hormônios) manifestam-se no indivíduo aceleração dos batimentos cardíacos, excitabilidade nervosa excessiva, emagrecimento e elevação da temperatura interna.

Faz parte dos hormônios tireoidianos o elemento químico iodo. Quando a absorção desse elemento a partir dos alimentos é deficiente a glândula sofre um crescimento formando no pescoço urna espécie de papo denominado bócio. É por isso que as autoridades sanitárias obrigam os fabricantes de sal a acrescentar certa taxa de sais de iodo no produto.

PARATIREÓIDES

São quatro pequenas glândulas, situadas duas em cada lado da tireoide. Segregam um hormônio chamado paratormônio, que controla a quantidade de cálcio e fósforo no sangue e, indiretamente, nos ossos e na urina. A deficiência de paratormônio provoca diminuição de cálcio no sangue e, em consequência, ocorrem violentas contrações musculares. O fenômeno é conhecido pelo nome de tetania.

O excesso de paratormônio no sangue durante longos períodos provoca amolecimento dos ossos (por falta de absorção de cálcio).

CARDÍACO

Centro de Força	Plexo correspondente	Localização	Funções
Cardíaco	Cardíaco	Sobre o Coração	• Dirige a emotividade; • Dirige a circulação das forças de base.

Cardíaco – de frequência mediana, é de fundamental importância na administração dos campos emocionais, situa-se sobre o músculo cardíaco; é o centro do sentimento; relaciona-se com o sistema circulatório e com o sistema nervoso parassimpático (nervo vago) e corresponde-se com o timo; no campo mediúnico atua na assimilação dos campos emocionais dos comunicantes; no magnético, usina fluidos sutis e dota os fluidos espirituais nos processos de cura, atua como atenuador das vibrações dos fluidos mais densos (materiais) e como condensador em relação aos fluidos espirituais;

Cardíaco – são perniciosos: emoções fortes, viciações que mexam com os sentimentos, preguiça, comodismo, rancor, mágoa, ódio, sentimento de vingança, violência, impaciência, irritabilidade...;

São saudáveis: a busca pelo autoconhecimento, domínio de si mesmo, ausência de vícios, atividades físicas e intelectuais compatíveis, amizade, compreensão, humildade, perdão, esquecimento do mal, tranquilidade, vibração de amor pelas criaturas, altruísmo...

TIMO

O timo é uma glândula situada atrás da parte superior do osso esterno. O peso do timo aumenta do nascimento até os dois anos de idade; a partir daí seu volume permanece constante até os 25 anos de idade, quando começa a regredir. Nos velhos, praticamente não existe mais.

A função do timo é pouco conhecida, mas pesquisas realizadas em cães jovens parecem demonstrar que sua retirada nessa fase da vida perturba o desenvolvimento do esqueleto.

GÁSTRICO

Centro de Força	Plexo correspondente	Localização	Funções
Gástrico (solar)	Gástrico (solar)	Sobre o estômago	• É responsável pela digestão a absorção dos alimentos densos ou menos densos que, de qualquer modo, representam concentrados fluidos penetrando-nos a organização.

Gástrico – de frequência baixa, normalmente é a mais ativa usina de fluidos vitais para exteriorização; é o centro vital por excelência; também conhecido como solar ou centro de cura, situa-se sobre a região conhecida como alto do estômago; é responsável pelos processos digestivos e grande parte do metabolismo, atuando vigorosamente sobre o estômago e regulando o sistema nervoso simpático; encontra correspondência direta com as adrenais e o pâncreas; no mediúnico, fornece campo de atração a Espíritos sofredores e de densa vibração; no magnético, usina a maior quantidade de fluido vital que o organismo normalmente produz para a automanutenção, doação e exteriorização;

Gástrico – são ruins: a gula, o aguçamento do apetite por interesses subalternos, alimentos de difícil digestão, o jejum continuado, vícios, disfunção digestiva, descontrolar-se emocionalmente, hipocondria, elevados níveis de açucares...;

São bons: educação alimentar, natural e equilibrada, digestão normal, ausência de vícios...

SUPRA-RENAIS

Essas pequenas glândulas estão localizadas sobre a parte superior dos rins, uma de cada lado. Cada uma tem duas porções distintas: medula (parte central) e córtex (parte periférica). Os hormônios produzidos pelo córtex atuam sobre o organismo, facilitando o aproveitamento da água, dos sais minerais, das proteínas e dos carboidratos pelas células. A medula produz adrenalina, que, em excesso, acelera os batimentos cardíacos, diminui o diâmetro dos vasos sanguíneos, aumenta a pressão arterial, torna as contrações musculares mais fáceis e mais fortes e deixa o indivíduo pálido, com perturbações gastrintestinais e, às vezes, náuseas.

Quando sentimos medo, raiva ou uma grande ansiedade, há uma descarga de adrenalina em nosso sangue, e por isso ocorrem no organismo todas essas reações. Por esse motivo, a adrenalina é considerada o hormônio das situações de perigo. O funcionamento das suprarrenais também está sob o controle de um hormônio produzido pela hipófise.

PÂNCREAS

O pâncreas é uma glândula mista que, além de produzir o suco pancreático, produz também um hormônio.

Nele encontram-se os agrupamentos de células especializadas, chamadas ilhotas de Langherans. Elas produzem insulina, um hormônio que possibilita a conversão de glicose em glicogênio. Além disso, a insulina facilita a entrada de glicose nas células, provocando o abaixamento do nível de glicose no sangue.

ESPLÊNICO

Centro de Força	Plexo correspondente	Localização	Funções
Esplênico	Esplênico (mesentérico)	Sobre o baço	• Determina todas as atividades em que se exprime o sistema hemático, dentro das variações de meio e volume sanguíneo.

Esplênico – também de baixa frequência, é igualmente grande usinador de fluidos vitais; é o centro do equilíbrio; localiza-se sobre o baço; sua interferência se faz mais direta sobre as funções biliares, renais e de excreção; refere-se muito diretamente ao baço; no terreno mediúnico, responde pelas atividades de doação fluídica a Espíritos muito fragilizados ou com graves descontinuidades perispirituais; no magnético, usina muitos fluidos vitais para recomposição orgânica, especialmente quando referente a reconstituição de órgãos, ossos, etc.;

Esplênico – são infelizes: pouca ingestão de líquidos, alimentação muito condimentada, exercícios físicos excessivos, mágoas não resolvidas, irritabilidade...;

São felizes: a ingestão de muita água, alimentação natural com o mínimo de condimentos, exercícios físicos regulares e dentro dos limites individuais, superação de mágoas, paciência, bondade...

GENÉSICO

Centro de Força	Plexo correspondente	Localização	Funções
Genésico (básico)	Coccígeo (hipogástrico)	Baixo ventre	• Guia a modelagem de novas formas entre os homens ou o estabelecimento de estímulos criadores, com vistas ao trabalho, à associação e à realização entre as almas.

Genésico – de baixíssima frequência, elabora densos campos fluídicos que, quando bem canalizados, podem propiciar vigorosos potenciais energéticos no campo do amor e da criatividade; é o centro procriador; situa-se sobre a região genésica, exercendo singular administração nos processos genéticos e de vida animal; corresponde-se com as gônadas; no campo mediúnico também libera fluidos de vigorosa atração magnética; no magnético, é grande usinador de fluidos densos.

Genésico – são lamentáveis: abusos sexuais, uso de afrodisíacos, excitantes e estimulantes sexuais de toda ordem, fixação sexual, aborto, ideias criminosas, fumo, álcool, tóxicos...;

São requeridos: controle e educação da sexualidade e suas funções e uso, ideias criativas, ausência de vícios...

GÔNADAS

São as glândulas sexuais (testículos e ovários).

Ovários

Na puberdade, a adenohipófise passa a produzir quantidades crescentes do hormônio folículo-estimulante (FSH). Sob a ação do FSH, os folículos imaturos do ovário continuam seu desenvolvimento, o mesmo acontecendo com os óvulos neles contidos. O folículo em desenvolvimento secreta hormônios denominados estrógenos, responsáveis pelo aparecimento das características sexuais secundárias femininas.

Outro hormônio produzido pela adenohipófise - hormônio luteinizante (LH) - atua sobre o ovário, determinando o rompimento do folículo maduro, com a expulsão do óvulo (ovulação).

O corpo amarelo (corpo lúteo) continua a produzir estrógenos e inicia a produção de outro hormônio - a progesterona - que atuará sobre o útero, preparando-o para receber o embrião caso tenha ocorrido a fecundação.

Testículos

Entre os túbulos seminíferos encontra-se um tecido intersticial, constituído principalmente pelas células de Leydig, onde se dá a formação dos hormônios andrógenos (hormônios sexuais masculinos), em especial a testosterona.

Os hormônios andrógenos desenvolvem e mantém os caracteres sexuais masculinos.

Outras funções endócrinas

Além das glândulas endócrinas, a mucosa gástrica (que reveste internamente o estômago) e a mucosa duodenal (que reveste internamente o duodeno), têm células com função endócrina. As células com função endócrina da mucosa gástrica produzem o hormônio gastrina; e as da mucosa duodenal produzem os hormônios secretina e colecistoquinina.

PASSE TRANSFUSÃO FLUÍDICA

TRANSFUSÃO FLUÍDICA

Como se processa

No volume 2 – Transfusão Fluídica – PRÁTICA - Os doze passos serão demostrados como realizar com segurança.

- O Fluido Cósmico Universal é o elemento primitivo do perispírito e do próprio corpo físico, que são transformações dele. Por essa razão, esse fluido, condensado no perispírito, pode fornecer princípios reparadores ao corpo.

- O pensamento do encarnado atua sobre os fluidos espirituais, como o dos desencarnados, e se transmite de Espírito a Espírito pelas mesmas vias e, conforme seja bom ou mau, saneia ou vicia os fluidos ambientes.

- O perispírito dos encarnados sendo de natureza idêntica à dos fluidos espirituais, ele os assimila com facilidade como uma esponja se embebe de um líquido, dependendo, é claro, da lei de sintonia e afinidade. Esses fluidos exercem sobre o perispírito uma ação tanto mais direta, por sua expansão e irradiação, o perispírito com eles se confunde.

- Atuando esses fluidos sobre o perispírito, este, a seu turno, reage sobre o organismo material com que se acha em contato molecular; se os eflúvios são de boa natureza, o corpo ressente uma impressão salutar; se são maus, a impressão é penosa.

- Considerado como matéria terapêutica, o fluido em atingir a matéria orgânica, a fim de repará-la; pode então ser dirigido sobre o mal pela vontade do médium passista, ou atraído pelo desejo ardente, pela confiança, pela "fé do doente". Com relação à corrente fluídica, o primeiro age como uma bomba calcante e o segundo como uma bomba aspirante. Algumas vezes, é necessária a simultaneidade das duas ações; doutras, basta uma só.

- Um fluido mau não pode ser eliminado por outro igualmente mau. Preciso se faz expelir um fluido mau com auxílio de um fluido melhor.

- O poder terapêutico está na pureza da substância inoculada, mas depende também da energia da vontade, que, quanto maior for mais abundante emissão fluídica provocará e maior força de penetração dará aos fluidos.

- Os fluidos são também o veículo do pensamento, o qual pode modificar lhes as propriedades, impregnando-os de qualidades boas ou más conforme a sua pureza ou impureza.

CONCLUSÃO

CONCLUSÃO

IMPORTANTE CONSIDERAR

O passe é sempre uma **terapia de superfície**. Pode amenizar os efeitos - doenças e perturbações - mas não atinge as causas profundas, que se exprimem em nossa maneira de pensar, nas falhas de comportamento, nos vícios alimentados.

Por isso, se nos limitarmos a recebê-lo, sem analisar mais profundamente as origens de nossos males, eles logo recrudescerão.

Saúde e equilíbrio não se sustentam em concessões gratuitas da Divindade. São conquistas que todos devemos realizar com o esforço da renovação, tendo por roteiro o Evangelho. Nele há **tônicos infalíveis** que operam prodígios de bem-estar quando deles fazemos uso. Todos os conhecemos sobejamente: a compreensão, a tolerância, a paciência, o perdão, a caridade, o amor, a misericórdia, a bondade...

Oportuno lembrar que frequentemente Jesus dispensava os beneficiários de suas curas, recomendando: "Vai e não peques mais para que não de suceda pior".

Há a questão do merecimento. Compromissos de causa e efeito (cármicos), decorrentes de nossos desatinos do passado, geralmente não podem ser removidos. Nenhum passista, por mais eficiente; nenhuma fé, por mais ardorosa, fará brotar uma perna em alguém que nasceu sem ela. Há determinados problemas físicos e psíquicos tão irremediáveis como a falta de um membro.

Mesmo assim, se cumprirmos as disciplinas do passe - fé e empenho de renovação -, ele nos beneficiará muito, revitalizando nossas forças e minimizando nossos males, para que enfrentemos o resgate do pretérito sem tormentos e sem atropelos, com o coração em paz.

Será algo semelhante a colocar abençoada almofada sobre os ombros, a fim de que se faça mais leve a cruz de nossa redenção.

PASSE E PACIENTE

"CURAS" - Emmanuel

"E curai os enfermos que nela houver e dizei-lhes: É chegado a vós o reino de Deus." - Jesus (LUCAS, 10:9)

Realmente Jesus curou muitos enfermos e recomendou-os de modo especial, aos discípulos. Todavia, o Médico Celestial não se esqueceu de requisitar ao Reino Divino quantos se restauram nas deficiências humanas.

Não nos interessa apenas a regeneração do veículo em que nos expressamos, mas acima de tudo, o corretivo espiritual.

Que o homem comum se liberte da enfermidade, mais é imprescindível que entenda o valor da saúde.

Existe, porém, tanta dificuldade para compreendermos a lição oculta da moléstia no corpo, quanta se verifica em assimilarmos o apelo ao trabalho santificante que nos é endereçado pelo equilíbrio orgânico.

É sempre útil curar os enfermos, quando haja permissão de ordem superior para isto, contudo, em face de semelhante concessão do Altíssimo, é razoável que o interessando na bênção reconsidere as questões que lhe dizem respeito, compreendendo que raiou para seu espírito um novo dia no caminho redentor.

REFERÊNCIAS

REFERÊNCIAS

Evangelho S. Espiritismo, Caps. XXVII, Itens 11 E 12

"Estude E Viva": Cap. 31 ("Mediunidade E Psicoterapia")

"Encontro Marcado": Cap. 8

"Crestomatia E Imortalidade": Cap. "Conversa Espírita"

"Momentos De Decisão": Cap. 11, 28 E 47.

"Desobsessão": Cap. 64,67,68,69 E Introdução –

"Seareiros De Volta": Cap. "Evangelho, O Remédio"

"Segue-Me": Cap. "A Porta Da Palavra"

Seara Dos Médiuns" Cap. "Palavra"

"Agenda Cristã": Caps. 6,9,22,28

Livro dos Médiuns, Cap. 23 (Todo) E XVII e Itens 162 (6º Parágrafo) 252, 254

(Luz Viva): Cap. Recursos Terapêuticos

"Seara Do Bem" – Cap. 03

"O Céu E O Inferno": 2ª Parte, Cap. V: Caps. 10,17,18,

"Ideal Espírita" – Cap. 1

"Palavras De Emmanuel" – Cap. 19

"O Homem Integral" (Todo)

"Messe De Amor": Cap. 58

"Pão Nosso" Cap. 8

"Vinha De Luz": Cap. 49

"O Consolador": Questões 95, 96, 110, 378

"Sementeira Da Fraternidade": Cap. 5,8,36,45

"Encontro No Tempo" – 9 Pág. 17 ("Prudência Nas Revelações")

"Emmanuel": Cap. XXX ("Evangelização Dos Desencarnados")

"Sol Das Almas: Cap. Reforma Íntima

"Tramas Do Destino": Cap. 11

"Depoimentos Vivos": Cap.50

Livro dos Espíritos Q. 469

"Instruções Psicofônicas" Cap. 62

"Revista Espírita" (junho de 1964)

"Caminho Espírita" Cap. 19

"Justiça Divina": Cap. "Doenças Da Alma"

Entre Irmãos De Outra Terra" Cap. 17

"Emmanuel": Cap. XXIII

"Conduta Espírita": - Cap. 22, 35

"Amanhece": Cap. "Religião E Tratamento"

"Estante Da Vida": Cap. 32

"Caminhos De Volta": Cap. "Parentes E Enfermos"

"Coletânea Do Além": Págs. 125.

Kardec, Allan - A Gênese, Cap. 14 - Itens 31 A 34.

Peralva, Martins - Estudando A Mediunidade, Cap. 26 - "Passes".

Jacinto, Roque - Passe E Passista.

Simonetti, Richard - Uma Razão Para Viver - "O Passe".

Apostila "O Passe", Da Sociedade Espírita "Luz E Caridade", Porto Alegre – Rs.

Apostila "Jornada De Est. Espíritas - Seminário Sobre O Passe", Da União Municipal Espírita De Rancharia – Sp.

Manual "Orientação Ao Centro Espírita", Edição Do CFN/FEB - 1980.

FEP – Atendimento Fraterno – Como Fazer.

Projeto Manoel Philomeno De Miranda – Atendimento Fraterno.

Manual Do Passista – Jacob Mello.

Porque Adoecemos – Volume II Da Associação Médica Espírita De Minas Gerais.

Depressão e Mediúnica de Da Aliança Municipal Espírita De Minas Gerais.

www.Guia.Heu.Nom.Br/Glandula_Pineal.Htm, www.Portalsaofrancisco.Com.Br/Alfa/Hipofise/Hipofise.Php

AUTOR

 SIDNEY LOURENÇO DE SOUZA, Nasceu em 24 de dezembro de 1959, Natural do Rio de Janeiro.

Escritor, Palestrante, Consultor em Gestão Empresarial Administrativo e Financeiro, Mediador de Conflitos Familiar e Empresarial, Contabilista, Sócio proprietário da S2B Services to Business Ltda.

Consultoria, IEA - Instituto de Estudos Avançados, Florianópolis - SC; Contabilista, Cetecon, Nilópolis - RJ; Mediação e Arbitragem: Resolução de Conflitos, ICPG - Instituto Catarinense de Pós-graduação ASSELVI, Blumenau - SC; Mediação Familiar, UNISUL, Palhoça - SC; Gestão de Empresa Contábil Moderna, IEA - Instituto de Estudos Avançados, Brasília - DF; Chefia de Pessoal, IOB, SÃO PAULO - SP; Educação formal e Informal, UNISUL - SC; XVI - Conferencia Estadual dos Advogados de Santa Catarina, OAB - SC; 8º Congresso Catarinense de Direito das Famílias, VOXLEGEM, Florianópolis - SC, Educando em Direito e Psicologia, UNISUL - SC;

Espírita desde os 14 anos de Idade, na Cidade do Rio de Janeiro, participou ativamente dos trabalhos junto a CEERJ – Conselho Espírita do Estado do Rio de janeiro, no Departamento de Infância e Juventude. Iniciou suas atividades Espírita no Estado de Santa Catarina, na SEOVE – Sociedade Espírita Obreiros da Vida Eterna e também no Centro Espírita Amor e Humildade do

Apóstolo, onde ocupou o cargo de Presidente, Vice-presidente, Tesoureiro, Presidente e do Conselho fiscal.

Atividades Espíritas

Palestrante, escritor, coordenador de grupo de Estudo da Mediunidade, do Livro dos Espíritos, do ESDE, realiza diversos Seminários, Cursos nas áreas da Infância e Juventude, Mediunidade, Família, Atendimento Fraterno, Passe, ESDE e Gestão Administrativa e Financeira no Estado de Santa Catarina, Rio de Janeiro e Rio Grande do Sul, Uberaba. Presidiu Centro Espírita Amor e Humildade do Apóstolo, Vice-presidente e 1º Tesoureiro, Presidente do Conselho Fiscal. Mantenedor da SEOVE – Sociedade Espírita Obreiros da Vida Eterna e já presidiu o Conselho Deliberativo. Atividade em Brasília- DF, junto ao CEI - Prestou Consultoria na área de Gestão Administrativa e Financeira Junto ao Conselho Espírita Internacional. Atividade na Federação Espírita Catarinense – FEC: Diretor do Departamento de Infância e Juventude; Diretor do Departamento Doutrinário, coordenou e Organizou o 4º Congresso Espírita Catarinense na Cidade de Joinville; Membro do Conselho Fiscal;

OBRAS DO AUTOR